家仕事とインテリアの金運アップ風水

開運セラピスト
紫月香帆

X-Knowledge

装幀・本文デザイン／髙橋美緒［TwoThree］
本文 DTP ／辻井知［Somehow］
編集協力／元山夏香

はじめに

みなさん、こんにちは。開運セラピストの紫月香帆です。本書を手に取っていただき、誠にありがとうございます。

私は子どもの頃から、家族の影響などを受けて、ごく自然と占いや風水に親しんで育ちました。大人になってからも、そうしたものへの関心は高まるばかりで、自ら九星気学を学び、その後師事して、本格的に手相を学んだこともあります。

結果、今では風水・手相の他にも、人相、四柱推命タロット、姓名診断などに関して、豊富な知識を持つようになりました。

私の開運セラピーは、こうした幅広いジャンルに渡る知識をベースとしていますが、なかでも四柱推命と風水を軸として研究を重ねた、独自の〝紫月流風水〟に基づいて行っています（詳しくは、この後の「プロローグ」でご説明します）。

紫月流風水については、さまざまな書籍や雑誌、テレビなどでお話しする機会をいただいているのですが、最近多いのは、テレビのお仕事で著名な方のお宅を拝見し、運気が良い部屋なのかどうかを鑑定する……といった内容のものです。

登場されるのは、風水の知識がない方ばかりです。ただ、成功している方は、無意識で金運に効果的なインテリアになっていたり、運気が舞い込む行動を習慣づけていたりすることが多いものです。

つまり、日頃からお金に好かれるようなことを実践しているんですね。

無意識でもできるわけですから、風水上の開運行動は、それほど難しいことばかりではない、ということが言えます。

そこで本書では、そのような成功者の方たちの部屋を数々見てきた私が、金運アップにつながるコツを紹介していきます。

PART1では、金運をアップさせるインテリアなどを紹介します。今の家の模様替えなどの際にもきっと参考になるはずです。

続くPART2では、金運アップのための日頃の行動、家仕事や暮らし方について紹介します。日々の生活の中のちょっとした工夫で、金運は劇的に改善されることもあります。

ＰＡＲＴ１とＰＡＲＴ２で紹介するものはどれも、難しいことではなく、すぐに実践できるものばかりです。
そしてＰＡＲＴ３では、番外編として、引っ越しや住宅購入を考える際のポイントを紹介します。

みなさんの家をどんどんお金が舞い込む〝金運ハウス〟にするために、日々の生活の中で風水の知恵を取り入れてみてください。そのことが、皆さんの幸せにつながるのであれば、著者としてこれ以上の喜びはありません。

紫月香帆

CONTENTS

Part 1 金運アップのインテリア風水

CONTENTS

Part 2 金運をもっと引き寄せる暮らし方風水

CONTENTS

Part 3 さらに金運を良くしたい人の家探し風水

※本書でご紹介している内容は紫月香帆の見解によるもので、
科学的裏付けがなされているものではありませんのであらかじめご了承ください。

プロローグ

「金運」は自分で引き寄せられる

〝ついている人〟は風水の開運行動を実践している

みなさんには、「金運」がありますか？

世の中には、大変なお金持ちもいれば、お金とはまったく無縁に見える人もいます。もちろん、もともと生まれ持った運もあるのかもしれません。しかし、「生まれつきお金に縁がないんだから、ずっとお金持ちになれない」と悲観するのは間違いです。なぜなら、金運に限らず、「運気」というものは、自分の力で引き寄せられるものだからです。

その助けになれるのが「風水」です。

自然界のさまざまなエネルギーのことを、風水では「気」と呼びます。気には、良い気もあれば、悪い気もあります。「あの人は運がいいな」「あの人には金運がついているな」と周囲から思われるような人は、意識的に（あるいは無意識的にでも）風水上「良い」とされる行動をとって、良い気の恩恵を受けていることが多いものです。

ですから、これからお金持ちになりたい人、金運をアップさせたいと願う人には、風水の知恵を取り入れた生活を実践することをおすすめします。

毎日過ごす家の環境が、運気に大いに影響している

風水では、「住環境」を整えることを非常に重視します。住環境——つまり、家の内側や外側の状態、さらに、その家が建っている土地が、運気のよし悪しに大いに関係しているということです。

住環境を整えるためには、良い気を取り入れやすい土地（詳細は138ページ以降を参照）を探すところから始められればベストですが、すでに住んでいる家で、風水の知恵を取り入れるだけでも、住環境を整えることは十分に可能です。

本編では、風水上「吉」とされるインテリアや、良い気を取り入れるための行動について紹介していきます。ですが、その前に風水の基礎知識だけは、あらかじめ持っておいたほうがいいでしょう。ここでは、押さえておくべきポイントだけ簡単に解説します。

まず、風水とは何か？　という点。「風水＝おまじない・占いの一種」と考えている人は

非常に多いですが、これは間違いです。

風水は、古代中国の「陰陽五行説」をベースとする、れっきとした学問の一つ。人間の生活を取り巻く環境を整えるために、統計学などの観点も取り入れて体系立てられた「環境学」なのです。人間の生活の拠点は自分の家ですから、前述のように、住環境を整えることが大きな意味を持つことになります。

陰陽五行説とは、「陰陽説」と「五行説」が一体化したもの。陰陽説は、自然界のあらゆるものは「陰」と「陽」に分かれているとし、両者のバランスが取れている状態を良しとする考え方です。五行説は、すべてのものが「木」「火」「土」「金」「水」という5つの要素で成り立っているという考え方です。

本編でも「陰の気」「火のエネルギー」などの言葉が出てきますが、これは風水が陰陽五行説に由来しているからです。本筋から逸れるので詳細は省きますが、必ず知っておきたいのは、五行がそれぞれ「相剋」と「相生」の関係にあることです。

相剋とは、一方がもう一方の力を奪い、衰えさせる関係のこと。相生はその逆で、一方がもう一方を育て、栄えさせる関係を指します。

相剋と相生の関係は下図のとおり。相剋しあうもの（たとえば、火のエネルギーを持つ「コンロ」と、水のエネルギーを持つ「シンク」など）をくっつけて設置したり、組み合わせて使ったりすると、風水では運気が不安定になると考えます。

逆に、相生の関係にあるものを近くに置いたり、一緒に使ったりすると、運気は安定すると考えられています。

相剋しあうものでも、どうしても近くに置かざるを得ない場合もあります。そんなときは、たとえば「火」と「水」の例だと、どちらとも相性が良い「木」のエネルギーを持つもの（観葉植物など）を置くことで、気の乱れを抑えられます。

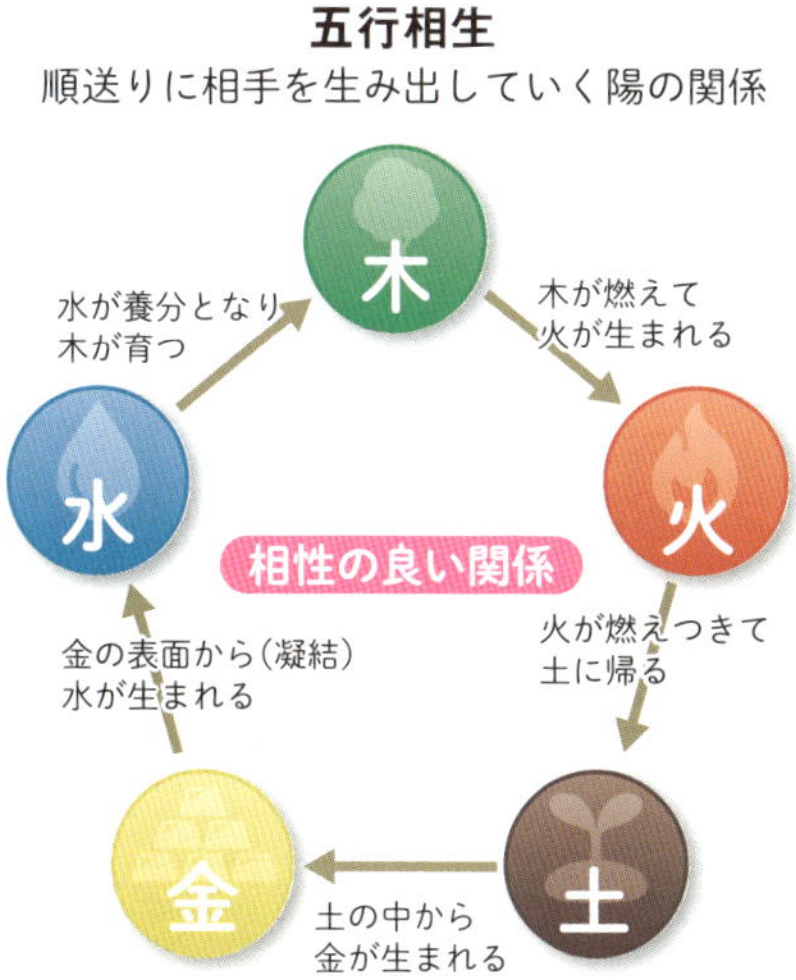
五行相生
順送りに相手を生み出していく陽の関係
木
火
土
金
水
木が燃えて
火が生まれる
火が燃えつきて
土に帰る
土の中から
金が生まれる
金の表面から（凝結）
水が生まれる
水が養分となり
木が育つ
相性の良い関係

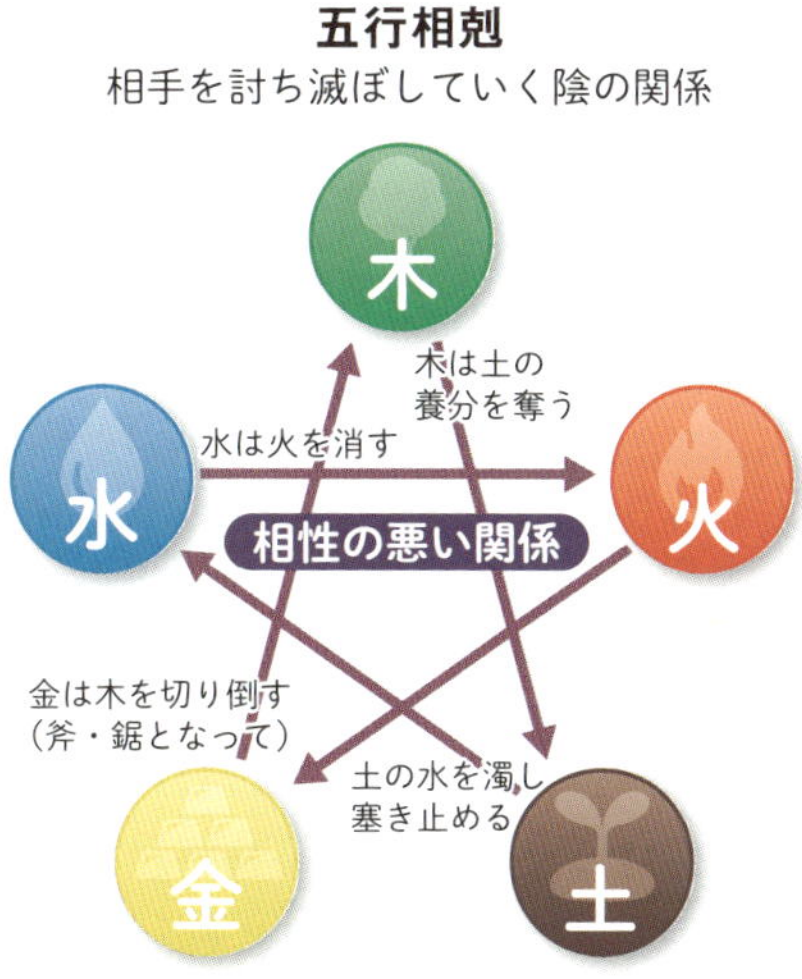
五行相剋
相手を討ち滅ぼしていく陰の関係
木
火
土
金
水
木は土の
養分を奪う
水は火を消す
相性の悪い関係
金は木を切り倒す
（斧・鋸となって）
土の水を濁し
塞き止める

こうした知識を持っておくだけでも、良い気を招く部屋づくりに役立てられるでしょう。

「家の中心」と「方位」とは?

風水では「家の中心」と「方位」も重視します。家の中心は、家の形によって異なります。家の間取り図が四角形の場合は、対角線を引いて交わる部分が中心です。

四角形ではなく、出っ張っている部分(張り)や、へこんでいる部分(欠け)がある場合、その割合が全体の3分の1以下なら、張りや欠けを考えずに対角線を引き、交わる部分を中心とします。3分の1以上なら、張りや欠けの面積を平均して四角形を描き、対角線を引いて中心を求めます。

続いて方位。風水では、北・東・南・西・北東・東南・南西・北西の8方位に中央(家の中心)を加えて、「9方位」と呼びます。

自宅で方位を確かめるときには、方位磁石を使います。電化製品がたくさん稼働していると磁石が狂うことがあるので、電化製品の電源を切り、30分以上経過してから調べると、より正確な方位がわかります。

なお、建築用間取り図の方位と方位磁石の示す方位が異なる部分がよくありますが、方位

9方位

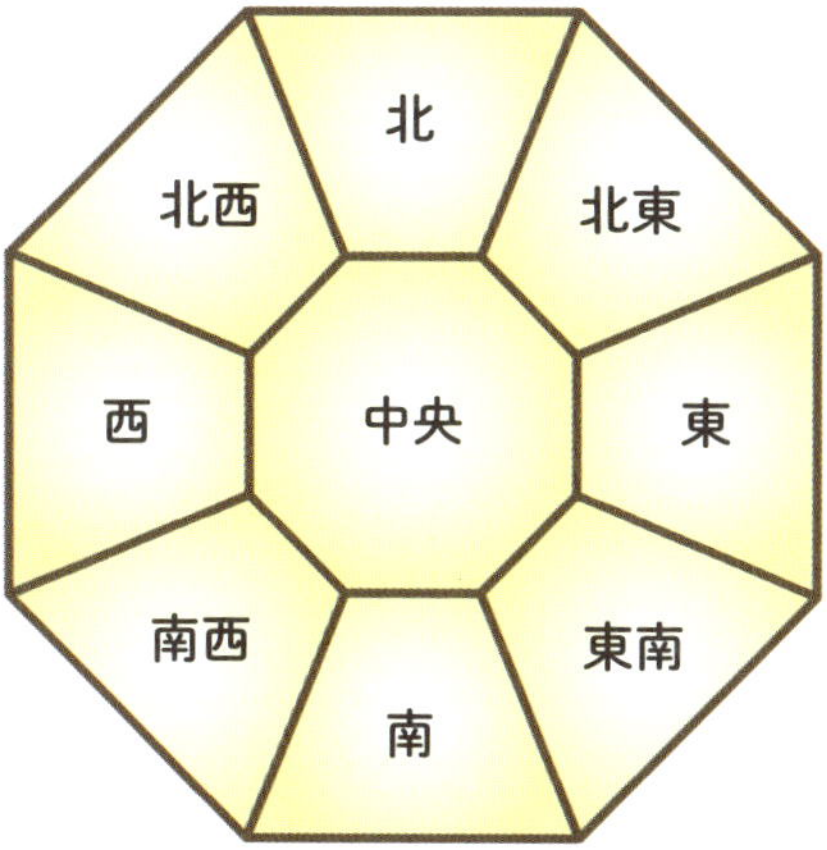

中心を出す

張りや欠けが3分の1以下なら、その部分は考えずに対角線を引く

9方位を出す

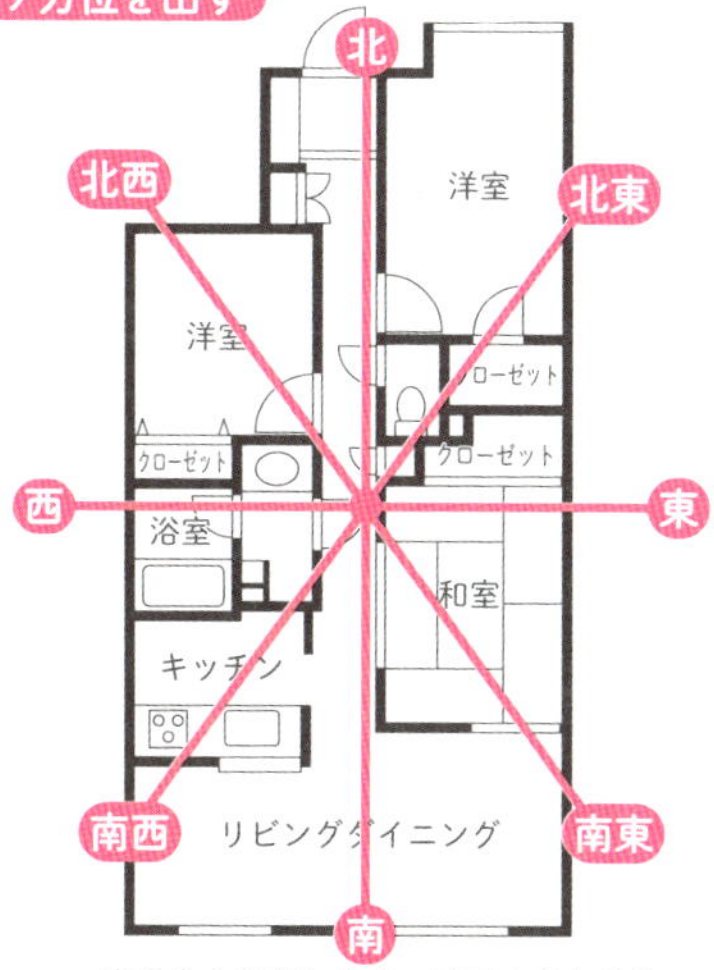

家の中心を出したら、家の中心からそれぞれの方向をわり出す

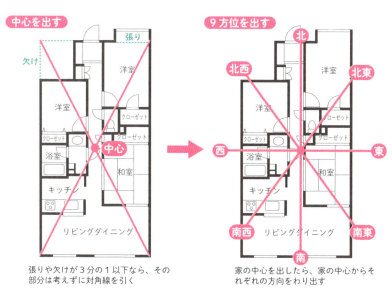

磁石のほうを基準にしてください。

また、9方位には次のような意味があり、置きたいもの、部屋なども異なります。

- 中央……家族が集まるリビングに最適な場所。干支の置物やパワーストーンを置くと吉。
- 北………知恵を育てる場所で、勉強部屋に最適。通帳などの大事なものや神棚を置くと吉。
- 東………気力がみなぎる場所。子ども部屋に最適。テレビや電話などを置くと吉。
- 南………明るい気が入る場所。大きな窓があるとよい。写真集や化粧品などを置くと吉。
- 西………金運をつかさどる方位。キラキラ光るもの、財布、鈴などを置くと吉。
- 北東……悪い気が出入りする「鬼門」の方位。鉢植えや鏡などの浄化アイテムが吉。
- 東南……社交運をつかさどる場所で長女の部屋向け。香水、長傘などを置くと吉。
- 南西……悪い気が出入りする「裏鬼門」の方位。猿モチーフのグッズなどを置くと吉。
- 北西……一家の主人の仕事運などをつかさどる。丸い時計やパソコンなどを置くと吉。

すべての方位に気を遣うのがベストではありますが、難しい場合は、特に高めたい運気と関連する方位の掃除を入念に行いましょう。たとえば、金運アップを目指すのであれば、「西」をきれいにしたり、開運に効くアイテムを置いたりすることをおすすめします。

古代の知恵を現代流にアレンジしたのが〝紫月流〟風水

ここまで、駆け足で風水の基本の知識を紹介してきました。

風水には長い歴史があり、今でも風水師と呼ばれる人はたくさんいます。風水師それぞれに多少解釈の違いがあるため、ここまでに解説した基本の部分は同じですが、本編では〝紫月流〟風水の知恵を解説します。

紫月流風水は、昔ながらの風水の知恵を、現代に合わせてアレンジしています。風水が最初に生まれた時代と現代とでは、人間の生活環境はまったく変わっています。そのため、風水の活用の仕方も、その変化に合わせ、変わって当然だと考えるからです。

たとえば、風水では悪臭を〝悪い気〟と見なすため、空気の浄化が不可欠ですが、現代であれば、そのために空気清浄機を使うのも改善方法だと考えます。

このように、昔の〝型〟に囚われず、柔軟に便利なものは取り入れながら環境を整えていくのが、紫月流風水の特徴と言えるでしょう。それは、言い換えると「生活に無理なく取り入れやすい風水」ということでもあります。

風水はサプリのようなもの。気長に実践を！

最後に、本書は金運を主なテーマとしていますが、金運以外の運気が上昇する風水の知恵も紹介します。

お金は使って幸せになるためのツールですが、それには家族が円満で、健康で、仕事にも恵まれている必要があるでしょう。つまり、ただ金運だけアップしても、幸せになれるとは限らないので、全体運を上げることを目指してみてください。

また、風水は即効性のある強い薬ではなく、じわじわ体質改善をするサプリメントのようなものです。

最初は効果を実感できなくても、実践しているうちに「何となく最近調子がいい」「ついている気がする」などと、少しずつ効果を感じられるのが特徴。そのため、数日で「効かない」と、すぐあきらめないでください。地道な継続の日々の後、「あの人、運がいいな」と言われる人に変身できるはずです。

Part 1

金運アップのインテリア風水

お金が貯まらない。収入が上がらない。
最近、まったくついてない、などなど。
これらの原因はもしかしたらあなたの家の中にあるのかも……。
ここではお金が舞い込む家にするための
金運によい模様替えのコツを紹介します。

玄関

理想的なのはすっきり片づいた〝気〟の入りやすい空間

玄関が汚い家は良い〝気〟が避けて通る

玄関は〝気〟が最も頻繁に出入りする場所。言ってみればその家の〝顔〟であり、第一印象を左右する場所でもあります。

玄関に問題がある家は、人で言えば顔が汚れているのと同じようなものですから、良い気に避けられてしまいます。

良い気が入ってくる理想的な玄関の最低条件は、次のとおりです。

①明るい
②清潔
③すっきり片づいている

窓がなく、いつも暗い印象の玄関だとしたら、照明器具を置いたほうがいいでしょう。ホコリや泥などで汚れた玄関もNGです。

ゴチャゴチャした玄関だと〝気〟がスッと入ってこない

たくさんの靴が常に出しっぱなしになっていたり、荷物置き場のような状態になっているのも×（66ページ参照）。**スッと良い気に入ってきてもらうためには、玄関をすっきり片づいた状態に保つことが重要です。**また、趣味のものを並べたり飾ったりして、玄関から住人の個性が全開になっている家もありますが、風水的に言うと、玄関は極力個性を出さないほうがよい場所です。

飾り立ててゴチャゴチャさせるよりは、前述のようにすっきりさせることを一番に心がけましょう。

理想の金運玄関はコレ！

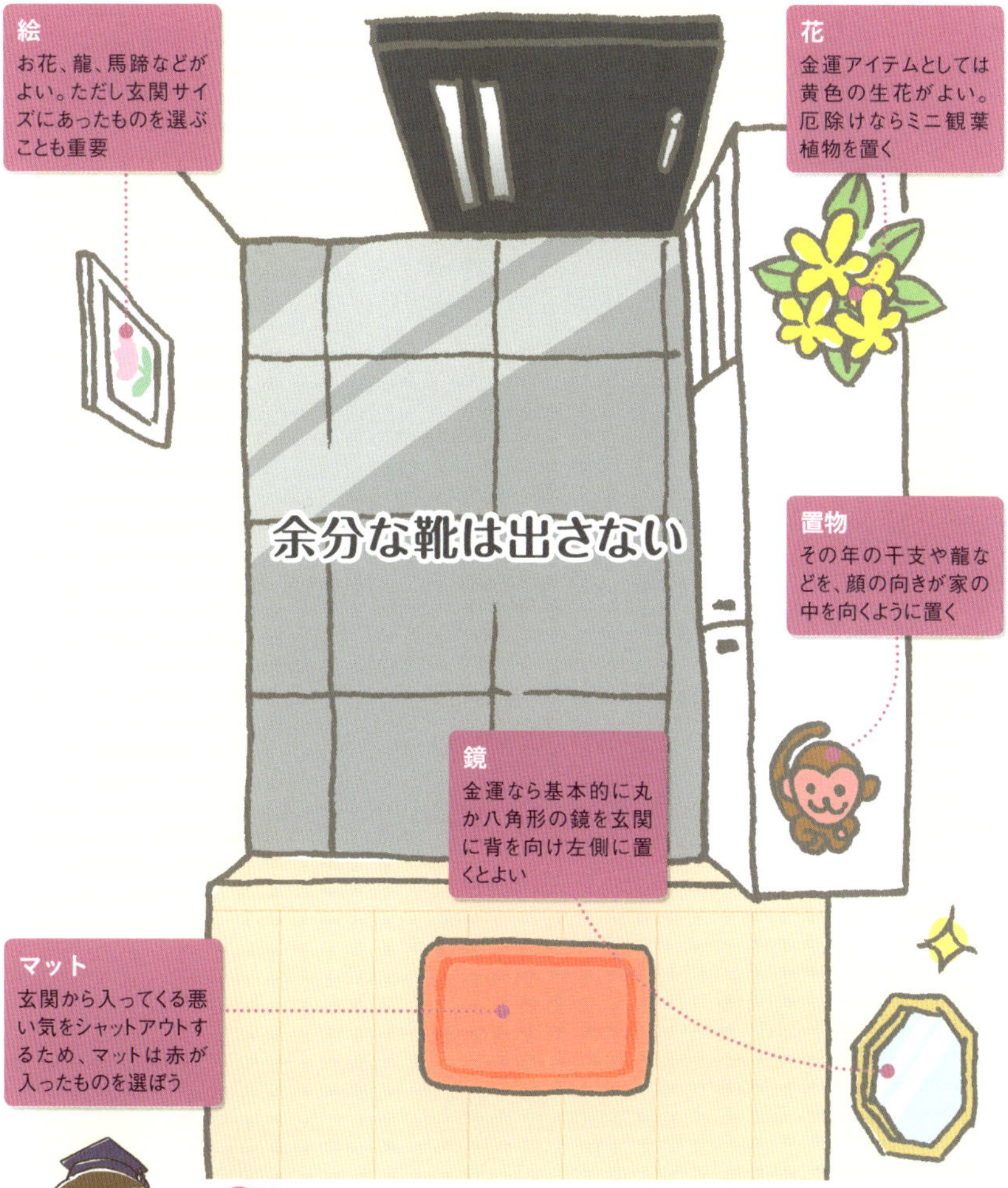

さらに金運アップ!!

靴は極力出さず整理整頓

玄関は基本的に金運を含む幸運の入り口です。だからこそすっきりと、良い運が気持ちよく入ってこられるように整理整頓を心がけましょう。逆に、玄関が乱れた状態になっていると悪い気が入ってきやすくなるので、厄除けの意味合いも含め玄関の整理整頓はとても重要です。

玄関を入って左側に鏡を設置すると金運がアップ！

鏡は必ず顔が映る位置に飾ろう

玄関に置きたいものの一つに鏡があります。大きさはバストアップが映る程度のものでもOK。毎日出かける前に、鏡で身だしなみを確認するのがおすすめです。

鏡を設置する場所は、玄関を入って（＝ドアを背に）左側にすると、金運アップに効果的。右側に設置すると人気運がアップするので、サービス業の人などは右側でもいいでしょう。

ただし、玄関の正面に鏡を設置するのだけはNG。外から入る良い気を跳ね返してしまいます。

鏡の形は、丸型やだ円（神器の御神鏡に近い形）、八角形（風水的によいとされる形）がおすすめです。

玄関

生花や観葉植物、干支などの置物を玄関に

花と置物は良い気を運ぶ

生花や観葉植物は、悪い気を吸って良い気を出してくれるので、常に玄関に置くのが理想的です。

ドライフラワーは花のミイラなので、悪い気を招きがち。玄関に飾るのは避けるべきです。また、アートフラワーは生花とは別物です。

生花を飾る場合、**金運アップに効果的なのは黄色の花で、ヒマワリなどは最高です。生花が難しければ、観葉植物を置くだけでもOKです。**

玄関にはあまり置物を置かないほうがいいですが、招き猫や干支の置物は別。干支の置物は、顔を家の中に向ける形で置き、招き猫はドア側を向くように置くと◎です。

キッチン

清潔第一！ 汚れや悪臭まみれだと健康運などがダウン

食生活は運気と大きく関わっている

キッチンは健康運や女性の運気に関係する場所。女性が働き、男性がメインで家事をする家庭でも、キッチンが女性の運気に関わる場所であることには変わりはありません。これらの運気が上がれば、自然と金運もアップします。

風水上、キッチンを清潔にすることは何より重要です。**私達はキッチンで作られたものを食べて生きているので、不潔なキッチンで作られたものばかり口にしていると、健康運がダウンします。**

コンロが油で汚れていたり、シンクが水アカだらけだったり、生ゴミの悪臭が漂っているようなキッチンには、悪い気がどんどん集まってきてしまうでしょう。

火は水を蒸発させ、水は火を消すので相性が悪い

また、キッチンには〝火〟と〝水〟という相性の悪いエネルギーを持ったものが混在しています。

火に関連するものと言えば、コンロや電子レンジ、オーブンなど。逆に水に関連するのは、シンクや冷蔵庫などがあります。こうした**火と水（熱と冷）のエネルギーを持つもののバランスをうまくとることも重要。**たとえば、キッチンはどうしても水のエネルギーが強くなりがちなので、火のエネルギーを補うために、赤のキッチンマットを敷くのも◎です。

理想の金運キッチンはコレ！

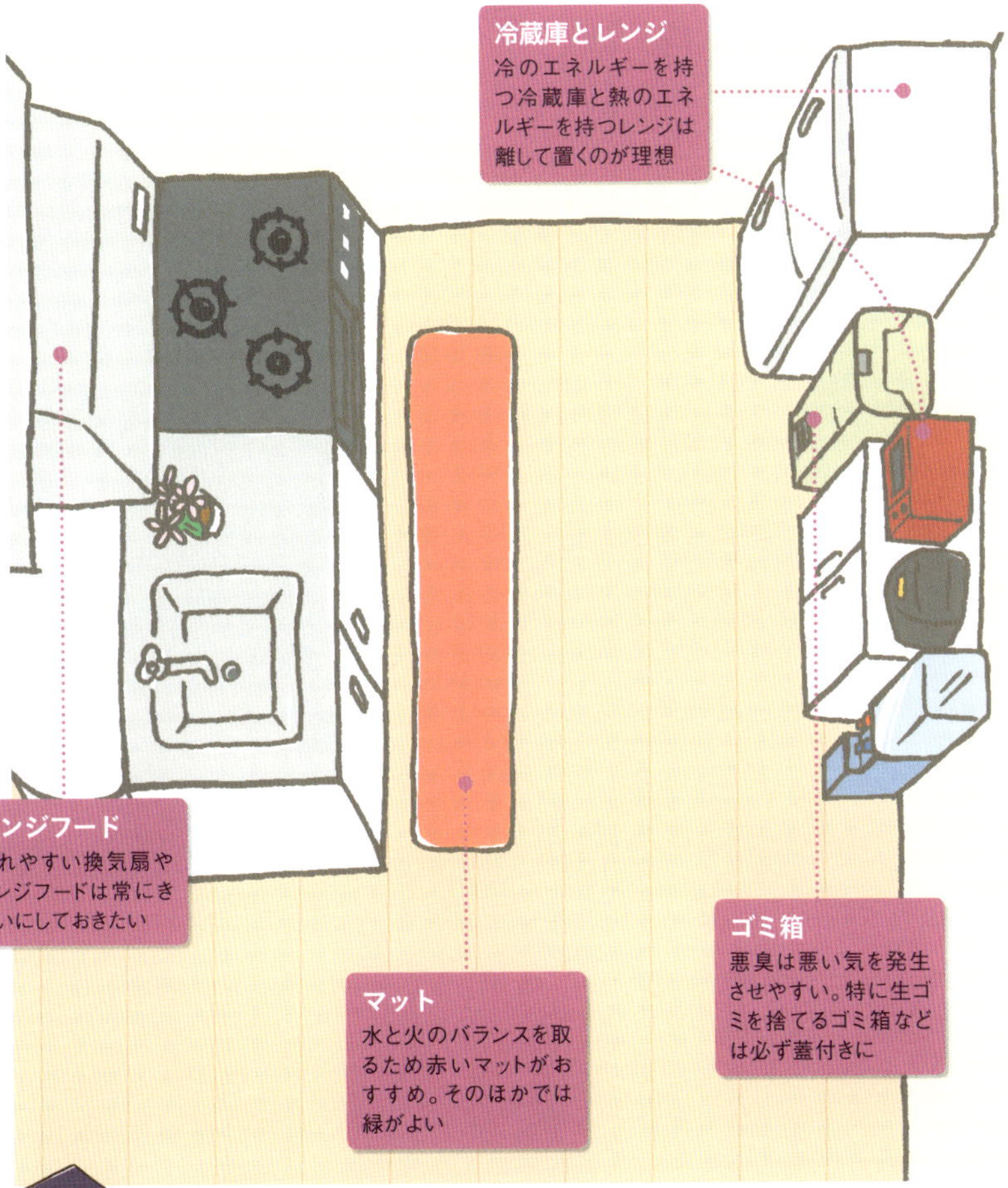
冷蔵庫とレンジ
冷のエネルギーを持つ冷蔵庫と熱のエネルギーを持つレンジは離して置くのが理想
レンジフード
汚れやすい換気扇やレンジフードは常にきれいにしておきたい
マット
水と火のバランスを取るため赤いマットがおすすめ。そのほかでは緑がよい
ゴミ箱
悪臭は悪い気を発生させやすい。特に生ゴミを捨てるゴミ箱などは必ず蓋付きに

さらに金運アップ!!

ウォーターサーバーもGood！

最近、家庭でもウォーターサーバーを置く家が増えてきました。毎朝、起きて水を飲むことは体や気の浄化にもよいと言えます。特に浄化する場合はミネラルウォーターが最適。ただ、キッチンはどうしても水のエネルギーが強くなりがちなので、ウォーターサーバーを置く場合は、キッチン内の配色や置き場所に気を配りましょう。

キッチン

熱のエネルギーを持つ電子レンジは置き場所に注意

熱
冷
安全確認して布でカバー！

ケンカしがちなエネルギーを持つモノを近くに置く場合は一工夫が必要

電子レンジには〝熱〟のエネルギーがあります。これに対し、冷蔵庫は熱と相性の悪い〝冷〟のエネルギーを持ちます。

小型の冷蔵庫がある家庭は、上に電子レンジを置いていることもよくありますが、熱と冷のエネルギーを密着させると、運気が乱れるためNG。極力離して置きましょう。

ただ、どうしてもほかに置き場所がない場合は、**冷蔵庫の上に一枚布や板などを敷き、その上に電子レンジを置いてください**。ただし、下から熱風が出るタイプの電子レンジだと、この方法は危険なので、先に確認してから実践しましょう。

キッチン

ガスコンロは火のエネルギーに触れられる

炎のパワー!!
IHの対策
IHコンロのキッチンは火のエネルギーが不足しがちなので、コンロを使わない洗い物時などにはキャンドルの火をともしてエネルギーを補うのがおすすめです。

コンロは鍋の噴きこぼれなどで汚れやすい場所。掃除して常に清潔に保つことが運気を良くするコツです。

その際、簡単に拭き掃除しやすいのがIHのコンロ。安全性も高いので、小さな子どもやお年寄りのいる家庭には最適です。

ただ、**風水的には、本物の火を使って火のエネルギーを間近に感じることで、全体的な運気を活性化する効果がある**と考えます。その意味ではガスコンロのほうがおすすめです。

現状IHの家庭は、たまに卓上コンロで鍋をしたり、キャンドルをともしたりして、火のエネルギーを感じる機会を持つようにしてください。

キッチン

ゴミ箱は蓋付きがベター、マットの色は赤か緑が◎

これで
ニオイを
シャットアウト!!

悪い気を生む嫌な臭い対策はとても重要!

ゴミが出やすいキッチンでは、それをどう処理するかが重要になります。まず、ゴミ箱は蓋付きのものがいいでしょう。生ゴミはディスポーザーがあればベストですが、ない場合は蓋付きのポリバケツなどを用意し、悪臭が漏れないように細心の注意を払ってください。**悪臭が漂っている=悪い気が蔓延している証拠だと考えましょう**。また、キッチンの床は油や水が飛びやすいので、マットを敷くほうがよいでしょう（敷きたくない場合は、まめに拭き掃除を）。マットの色は、火と水のエネルギーのバランスをとるのに役立つ赤か、緑がおすすめです。

キッチン

明るい蛍光灯でくもりや汚れを見逃さない

蛍光灯で目指せ！
ピッカピカ!!

照明は汚れが見つけやすい蛍光灯がgood！

キッチンの照明は、白熱灯のやわらかな明かりよりは、従来の蛍光灯のはっきりした明るさが適しています。そのほうが手元が明るくなるので安全に調理ができますし、細部の汚れや食材の状態もよく見えます。

特に、汚れを見落とさないことは運気を良くするために欠かせません。**シンクやコンロ、カトラリーなど、従来ピカピカしているべきものがくもっていると、運気が下がります。**

明るい照明でキッチン内のくもりを見逃さず、まめにピカピカに磨くようにしましょう。もちろん、照明自体もホコリだらけにならないように掃除をしてください。

ダイニング

家族が和やかに過ごせる空間が一番

ダイニングは家庭運と健康運を左右する場所

ダイニングルームは家族がコミュニケーションを図る場所です。そのため、ダイニングルーム（あるいはリビングダイニング）は、家庭運と大いに関係しています。

また、ダイニングルームは食事をするところなので、〝食べ物からエネルギーを取り込む場所〟と言い換えることもできます。食べ物はその人の健康と直結していますから、ダイニングルーム＝健康運に関わる場所でもあります。

ダイニングルームで重要なのは、リラックスしながら家族と和やかに食事をすることです。一人暮らしでも、**ダイニングテーブルをきちんと整え、日々心穏やかな食事タイムを過ごしている人は、将来的に良い家庭を築けるでしょう。**

理想的なダイニングルームを作るには、まずテーブルの上は整頓してください。荷物置き場になっていると、運気が低迷します。

癒やし効果がある照明や生花を飾るとGOOD

また、照明はやわらかな白熱灯の明かりを選ぶといいでしょう。リラックスした和やかな雰囲気づくりに有効です。テーブルに生花を飾るのも癒やし効果があるのでおすすめ。**整頓されたくつろげる空間で楽しく食事をすると、家族が仲良く健康で生活ができ、ひいては金運も引き寄せてくれます。**

理想の金運ダイニングはコレ！

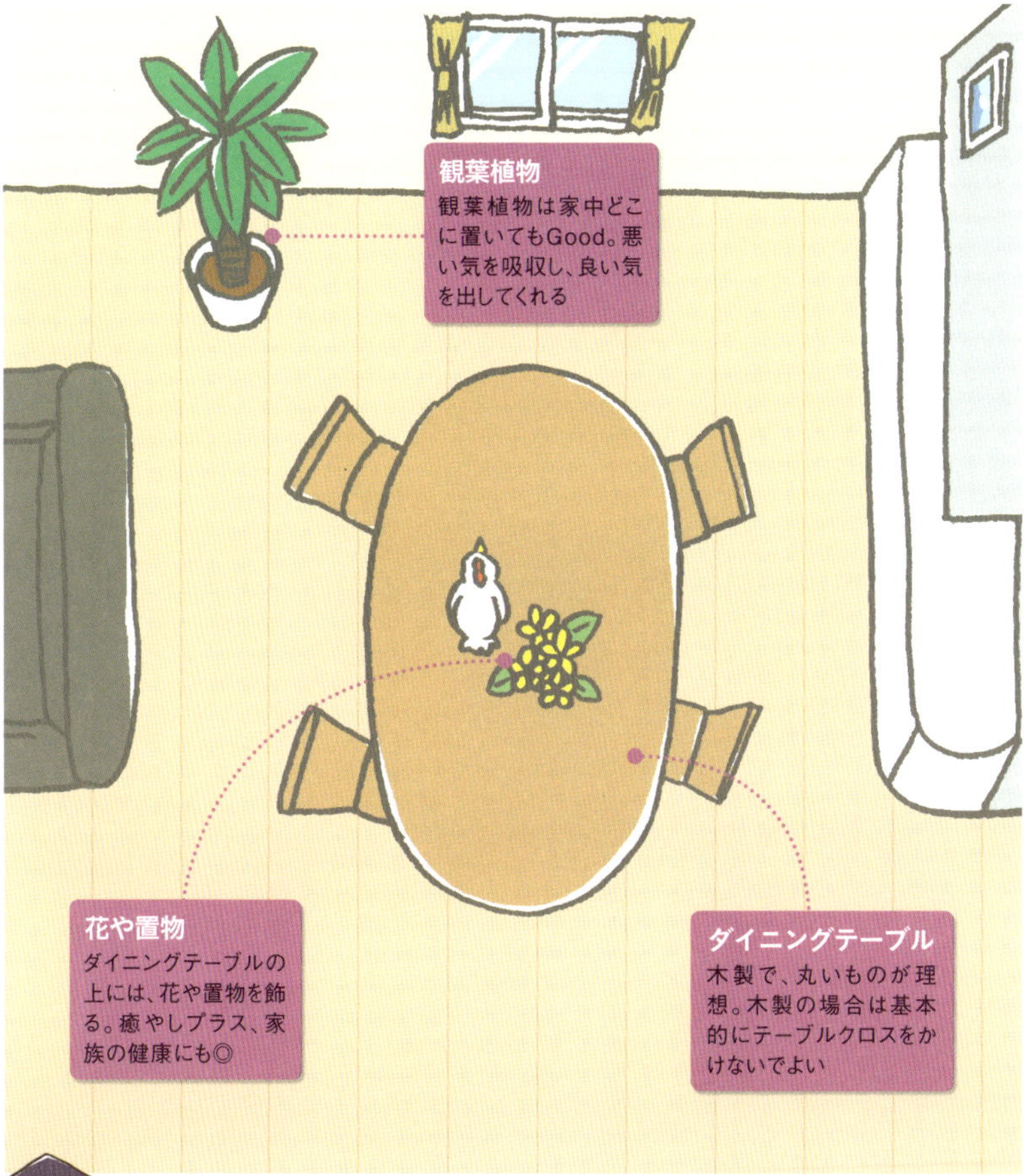
観葉植物
観葉植物は家中どこに置いてもGood。悪い気を吸収し、良い気を出してくれる
花や置物
ダイニングテーブルの上には、花や置物を飾る。癒やしプラス、家族の健康にも◎
ダイニングテーブル
木製で、丸いものが理想。木製の場合は基本的にテーブルクロスをかけないでよい

さらに金運アップ!!

ダイニングテーブルを整える

ダイニングは言うまでもなく食事をする場所です。基本的に毎日、家族が座るテーブルの上はすっきりとさせておきましょう。また、テーブルの上に花を置くのもいいでしょう。金運には、玄関同様ヒマワリが最適。明るい気持ちにさせてくれ、コミュニケーションの助けにもなってくれます。

ダイニング

テーブルは角ばっていないデザインが理想的

木製以外の素材や角ばったテーブルはクロスなどをかけるとよい

ダイニングテーブルの素材は、木製がベストです。形は丸、だ円形が理想的。四角でも、角の部分が丸みを帯びていれば問題ありません。角ばっているものは運気を下げてしまうので要注意です。

だからといって買い替えるのは大変なので、**角ばっていたり、木製以外の素材のテーブルならば、全体をクロス(色は暖色系かベージュなど)で覆うか、円形のテーブルランナーを敷くといいでしょう。**

また、黒いダイニングテーブルで食事をすると、食べ物からの良いエネルギーを得づらくなるので、やはりクロスで覆うほうが得策です。

ダイニング

金運を呼ぶ鶏の置物を置いてみよう

鶏が金運をサポート

鶏は金運を呼ぶモチーフとされており、よく開運グッズの店などで置物が売られています。

食事をしながら家族がコミュニケーションを図る**ダイニングルームに鶏の置物を置いておくと、家族の〝仲間〟として働いてくれて、金運アップのエネルギーを運んできてくれます。**

金運は〝キラキラしたもの〟が好きなので、キラキラ光るガラスやクリスタルでできた鶏の置物を選ぶと、なおよいでしょう。同じく開運のモチーフとして、ふくろうがありますが、ふくろうの置物はリビングのほうがおすすめです。

リビング

家の中で最も自分の好きなようにしていい場所がリビング

好きなものを飾るとリラックス効果がある

リビングは、たいてい大きな窓がある場合が多く、玄関に次ぐ気の出入り口となります。窓をピカピカに磨き、換気をよくすることで、運気を上げることができます。

さらに、**長時間過ごすくつろぎの場でもあるので、自分の好きなものに囲まれた空間にしてOK。**玄関だと〝極力物を置かない〟などの厳密なルールがありますが、リビングは自由にできます。結局、囲まれていると落ち着く自分の好きなものこそが、その人にとって一番の癒やしになります。好きなインテリアにすることでリラックス効果が生じれば、家庭運や愛情運、対人運がアップします。

そのため、たとえば一人暮らしでヒョウ柄が好きな人なら、リビングがヒョウのモチーフだらけでも構いません。ただし、家族がいて、来客も多い家の場合、いくら好きでもコミュニケーション運がダウンするので気を付けましょう。どうしても飾りたいなら、やりすぎないよう注意が必要です。

色使いも同様に、リビングに関しては好きな色で統一してもいいでしょう。ただ、**部屋中モノトーンだと運気が停滞しがちになるので、どこかにポイントとして赤（運気を活性化する力を持つ）や黄色（金運アップ）のインテリア用品を取り入れてみてください。**

理想の金運リビングはコレ！

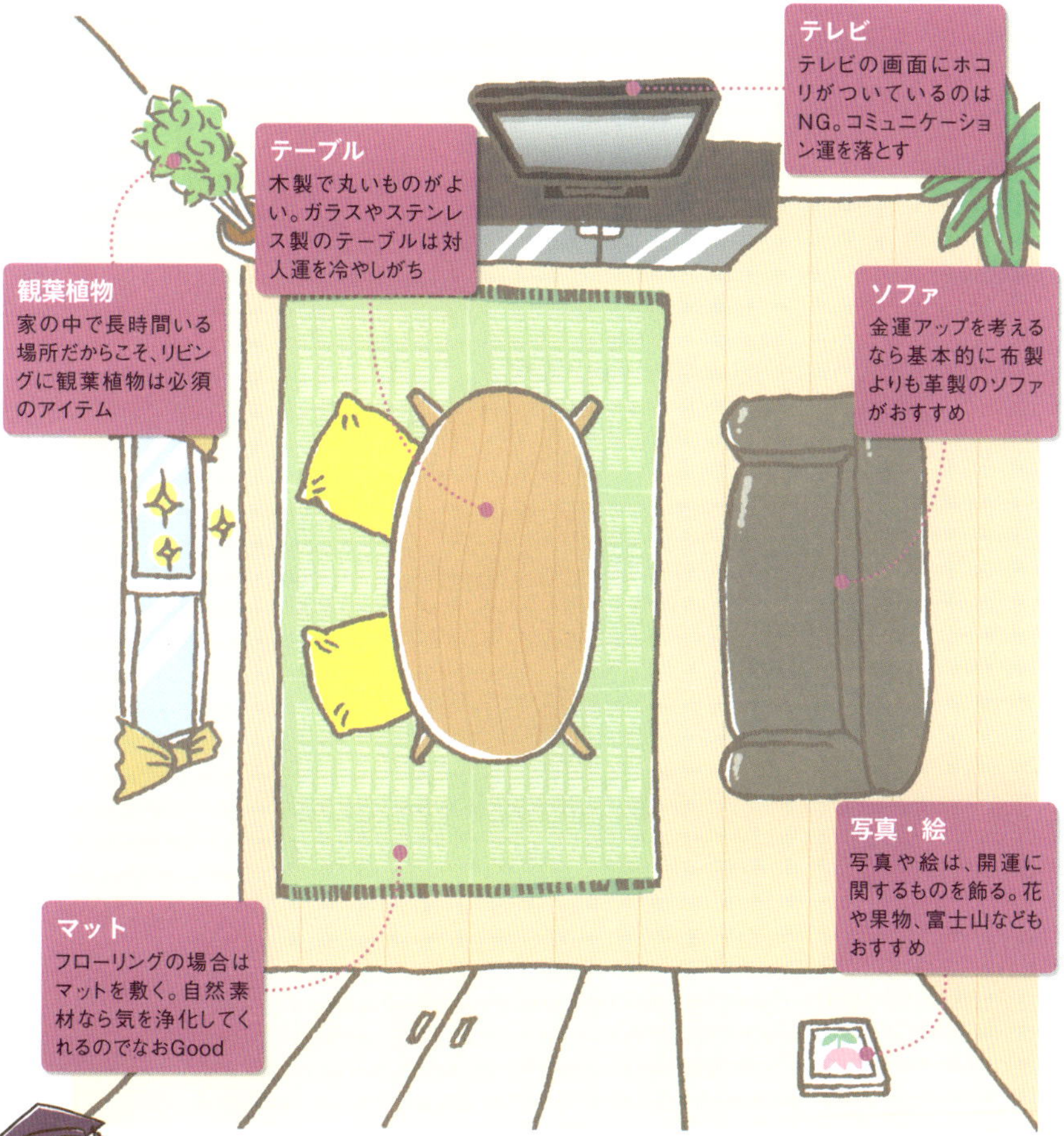
テレビ
テレビの画面にホコリがついているのはNG。コミュニケーション運を落とす
テーブル
木製で丸いものがよい。ガラスやステンレス製のテーブルは対人運を冷やしがち
観葉植物
家の中で長時間いる場所だからこそ、リビングに観葉植物は必須のアイテム
ソファ
金運アップを考えるなら基本的に布製よりも革製のソファがおすすめ
写真・絵
写真や絵は、開運に関するものを飾る。花や果物、富士山などもおすすめ
マット
フローリングの場合はマットを敷く。自然素材なら気を浄化してくれるのでなおGood

さらに金運アップ!!

金運はキラキラしたものが好き

金運の神様はキラキラしたものを好みます。リビングのインテリアで言うならば、シャンデリアが理想。ただ、自分の家にはちょっとという人もいるはずです。そんなときは、シャンデリアスタンドやカットガラスのグッズなどを、リビングのワンポイントとして置いてみるといいでしょう。

リビング

テーブルは木製が◎、ガラスやステンレス製は対人運に×

ぬっくぬく
木製のテーブル
ヒンヤリ
ガラスやステンレス製のテーブル

ガラスなどが放つ冷たいエネルギーは対人運を冷やしてしまうので避けたい

リビングにソファがあり、ローテーブルを置いている家庭が多いでしょう。ローテーブルは木製なら問題ありませんが、ガラスやステンレス製など、触れたときに**冷たい素材でできているものだと、人間関係を冷やすことにつながり、対人運がダウン。対人運は仕事運、金運にもつながっています。**これを改善するには、テーブルランナーを敷いて、部分的にでも隠すのが一つの手。

小さな子どもやペットなどがいない家庭なら、テーブルの中央に火のエネルギーを持つキャンドルを置くと、テーブルが持つ冷たいエネルギーを抑制できます。

リビング

金運アップには黄色や茶色、ベージュのカーテンを選ぶ

茶色やベージュのカーテンは金運を根付かせる
ホホホホ〜♡
金や銀の刺繍はお金が貯まりやすくなる

リビングに限らず、カーテンのように面積の大きいものは、部屋の雰囲気を左右するので、慎重に選択を。

金運アップを狙うなら、黄色のカーテンがベスト。黄色ベースでポイントに金が入っていると、お金が貯まりやすくなる力があります。ただ、部屋に黄色いカーテンがマッチしないこともあるはず。その場合、**金運を根付かせる茶色やベージュのカーテンも**◎。部分的に黄色や、金や銀の糸が織り込まれていたり、金色のタッセルを使ったりするのもおすすめです。ただ、他の色が持つ力に着目し、取り入れるのもいいですが、黒は停滞の気を持つので要注意です。

リビング

ソファは目的に合わせて色や素材を決める

◯白……　転職や新生活がスタートしたときなどに気持ちを新たにしてくれる。また浄化の力もある

●赤……　活動的になれる。ただ、浪費を招くこともあるのでクッションなどでバランスをとるとよい

●茶系…　大地を表す色で、物事を根付かせる力がある。金運アップなら革製のものであるとなおよい

ソファは色や素材が重要。たとえば白いソファは、気持ちを切り替えて再スタートしたい人や、心身をリセットしたい人向け。赤いソファは活動的になれるものの浪費も招くので、落ち着いた茶色のクッションでバランスをとりましょう。黒いソファは停滞の色なので、赤やオレンジのクッションを置くとバランスがとれます。これから買うなら家庭運や仕事運がアップする茶系のソファを。**布製より革製のほうが金運アップに効果的**なので、ぜひ候補に入れてください。

ただ、どんなソファでも、破れた部分があると金運はダウンします。

リビング

畳は風水ではラッキーアイテム。いぐさマットでもOK

悪い気を吸い、良い気を出す天然素材のパワーを取り入れよう

畳は天然素材なので、観葉植物などと同じように、悪い気を吸って良い気を出してくれます。今は畳のない家も多いですが、できれば和室はあったほうが運気がアップします。

全室フローリングの場合、足元が冷えやすいので運気も冷えがちに。そこで、家庭運をアップさせるエネルギーを持った、いぐさ製のマットをリビングに敷くといいでしょう。

逆に、畳の上にカーペットを敷き詰めている家もありますが、これはNG。せっかく良い気を出してくれる畳が呼吸できなくしてしまうからです。**畳を嫌わず、畳を活かすインテリアにすると運気は上がります。**

リビング

長時間過ごすリビングには花や観葉植物を飾る

観葉植物で運気をサポート

パキラ

金運

上向きの伸びていく陽の気を持つ発財樹とも呼ばれる。生命力も強く比較的育てやすいのも魅力

サンスベリア

厄除け

先が鋭くとがった葉は風水的に厄除けの力を持つので、運気が停滞しているときなどにおすすめ

ユッカ

仕事運

別名「青年の木」とも呼ばれ、成長、発展の力を持つ観葉植物。仕事運アップが金運にもつながる

風水にはいくつかラッキーアイテムがありますが、観葉植物や花もその一つ。どの部屋にも置いてあるのが理想ですが、特に過ごす時間の長いリビングには必須です。

　観葉植物の場合、葉の形などで持つ力が異なります。トゲのある植物は邪気を払ってくれますし、背の高い植物は向上心をアップさせる発展の気があります。**仕事運をアップし、金運向上につなげたいなら、背の高い植物を置きましょう。**

　花も、種類によって持つ力が違いますが、**金運アップならヒマワリが代表格。西の方角に飾ると、大きな収入アップも期待できます。**

リビング

好きなインテリアでもNGなポイントとは?

行きすぎは対人運、人気運をDownさせてしまう

36ページで、リビングは自分の好きなインテリアにしてOKと説明しました。それはそのとおりですが、リビングは人とのコミュニケーションの場。一人暮らしで、誰も家に来ないならともかく、多少は来客があるなら、少なくとも他人を威圧しないようなインテリアにしましょう。

つまり、**他人が「居心地が悪い」「不愉快」と感じるほど威圧感があったり、不気味だったりするインテリアは避けるべき**だということです。

いくら自分の家だと言っても、他人が来るかもしれない場所なのに、相手を思いやれないでいると、対人運や人気運はダウンするでしょう。

トイレ

玄関と同じくらい風水上では重要な場所

トイレは放っておくとすぐに悪い気がたまる

玄関が家の表の顔なら、トイレは裏の顔とも言うべき場所。体から老廃物を出すところなので、良い気が発生する要素はありません。重要なのは、もともと悪い気がたまりやすいトイレを、さらに悪い場所にしないように工夫すること。そのためにできる基本行動は、次の3つです。

①換気
②清潔を保つ
③悪臭の除去

換気をすると、トイレにこもった悪い気を外に出せるので、トイレに行くたび、少し長めに換気扇を回す習慣をつけたいところです。

その際、**トイレのドアを開け放つと、トイレのマイナスのエネルギーがほかの部屋に漏れだすので、締め切ったまま**にしましょう。

清潔を保つことも重要です。細かい汚れや水しぶきなどは、毎日こまめに拭いてください。こまめに掃除していれば、念入りにするのは週に1~2回で十分です。

浄化に効くグッズも汚れると逆効果

芳香剤や炭などの脱臭グッズを置いたり、空気清浄機を回すなどして、悪臭を除去するのも重要。

ただ、たとえば**炭を置いたとき、炭にホコリが積もると、逆に悪い気を放出するようになる**ので、まめに手入れをしてください。

理想の金運トイレはコレ！

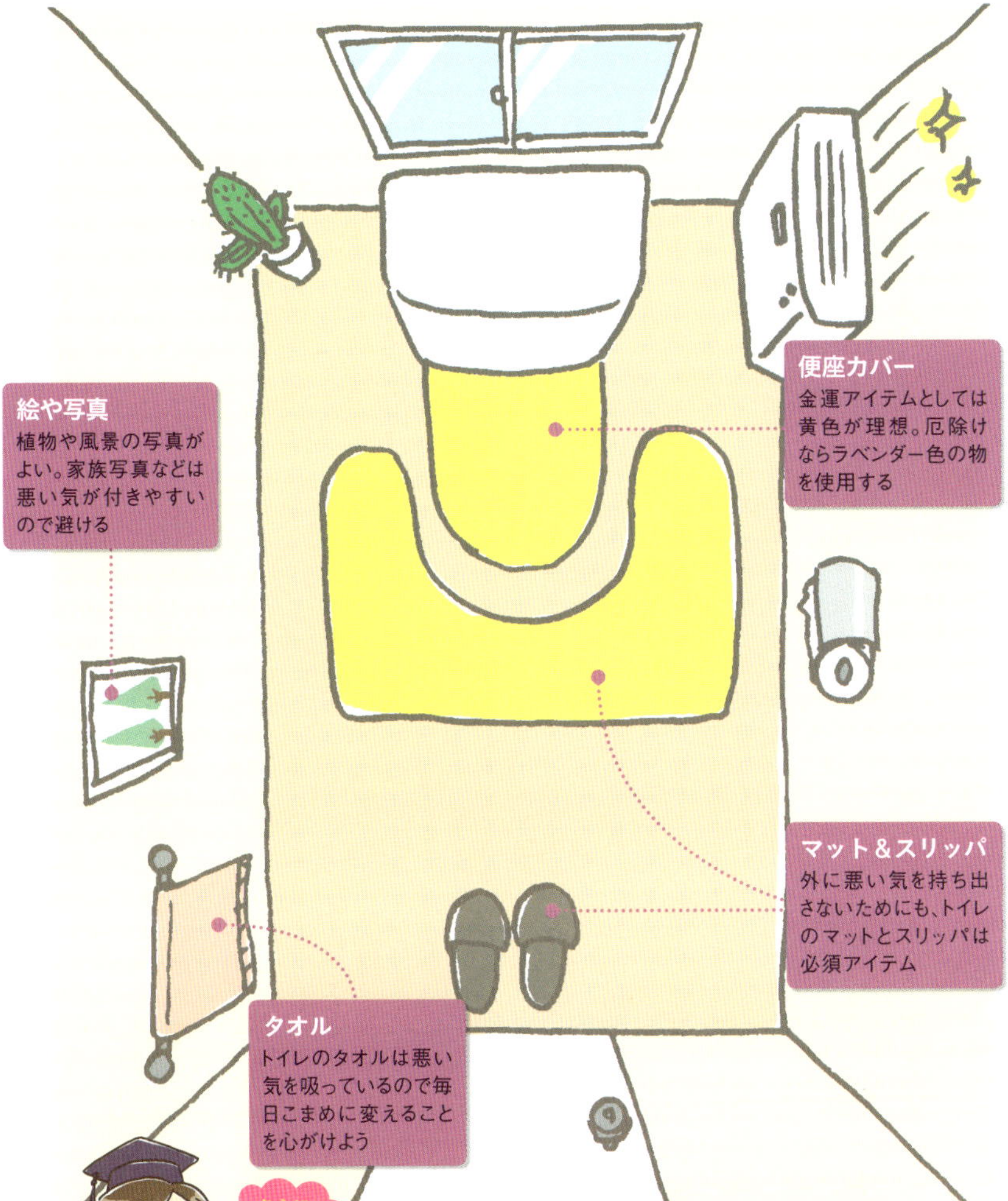
絵や写真
植物や風景の写真がよい。家族写真などは悪い気が付きやすいので避ける
便座カバー
金運アイテムとしては黄色が理想。厄除けならラベンダー色の物を使用する
マット＆スリッパ
外に悪い気を持ち出さないためにも、トイレのマットとスリッパは必須アイテム
タオル
トイレのタオルは悪い気を吸っているので毎日こまめに変えることを心がけよう

さらに金運アップ!!

気の浄化に強い味方

トイレはその臭いなどで、悪い気がたまりがちな場所だからこそ、窓を開けるなどの毎日の換気は必須。ただマンションなどで窓がない家庭も多いでしょう。そんな場合は、空気清浄機を置くのも一つの手です。トイレを使用する間つけておくだけでもいいので、おすすめです。

トイレ

マットやスリッパで悪い気をシャットアウト

悪い気は、スリッパ&マットでカットする
プラス、黄色のパワーで金運をサポート

足の裏は気を吸い込みやすいので、素足はもちろん、リビングなどで履いているスリッパのままトイレに入ると、悪い気を吸収します。トイレから出たら、その悪い気を他の部屋にまきちらすことになります。

この状況を防ぐには、トイレ用のスリッパを置くことが重要。それに合わせて床にマットを敷くと、体にトイレの悪い気が付きにくくなります。また、寒々としたトイレは健康運を悪化させるので、便座カバーをつけるのもおすすめ。**ファブリック類は色味を統一しましょう。金運は黄色、健康運はアイボリー、仕事運は茶色のアイテムが効果的**です。

トイレ

トイレには観葉植物や炭などの浄化アイテムを置く

浄化パワ〜
トイレに窓がないときはひと工夫

サボテン	無数のトゲが厄除けとしてGood。また、なかなか枯れにくいという点からもトイレには最適！
炭	脱臭効果で浄化。ただ、一度置くと忘れやすいのでホコリだらけにならないようチェックを忘れずに！

放っておくと悪い気がたまりやすくなるトイレには、浄化作用のあるアイテムを置いておくことをおすすめします。

浄化作用のあるアイテムはいろいろありますが、比較的置きやすいものに観葉植物があります。最近は、ミニサイズでこまめに世話をする手間もかからない観葉植物も売られています。窓のないトイレなら、日光が当たらなくてもさほど影響のない、サボテンなどでもいいので一つトイレに飾っておきましょう。また、**炭は脱臭効果もある浄化アイテムです。観葉植物の鉢にしのばせておくのも良いアイデアです。**

お風呂
洗面所

浄化の場は健康運や美容運に大きく関係

浄化の場が汚いとパッとしない人になる

浴室や洗面所は、顔や体を洗い、さらに悪い気を落とすので、浄化・厄落としの場所と捉えます。

そんな浄化の場所が清潔でないと、運気はダウン。蛇口や鏡などが多少汚れている家庭は多いかもしれませんが、多少の汚れだけでも悪い気のベールがかかっているようなもの。**放置すると家の住人全員が〝何となく冴えない人〟〝ここ一番で病気になるような、運の悪い人〟になってしまいます。**

そのため、浴室や洗面所で重要なのは、一にも二にも〝防カビ＆湿気対策〟ということになります。

掃除・換気・除菌と香りのパワーで運気アップ

とはいえ、水周りはカビや水アカなどで汚れやすく、排水口からの悪臭に悩まされるような事態も起こりがち。掃除や換気、除菌などを日々の習慣にしましょう。

浴室が清潔で、常に良い気に満ちていると、健康運がアップ。洗面所がピカピカだと、美容運がアップします。清潔にすることに加え、良い香りのする入浴剤など、バスタイムを快適にするようなグッズを用意するのもいいでしょう。

入浴剤は、金運を上げたければキンモクセイやジャスミンが◎。ゆずやレモンなど、柑橘系の香りは健康運をサポートするので、体調不良のときに最適です。

理想の金運浴室＆洗面所はコレ！

さらに金運アップ!!

とにかくカビに気を付ける

浴室は一日の厄を落とす浄化の場と考えましょう。そこがジメジメ、カビだらけといった具合では、厄を落とすどころか悪い気を増幅させてしまう恐れもあります。浴室や洗面所などは換気やカビ対策を忘れずにすることが肝心。ヒノキなどは風水的に良いと言われますが、十分な手入れなしに使うことはおすすめできません。

シャンプーなどのボトルは床に直置きしない

ボトル式のシャンプーやボディーソープを使っている家庭は多いでしょう。これらを浴室の洗い場の床に直接置くのはNG。ボトルの底の部分にぬめりがつきやすく、不潔な状態になりがちです。

清潔を保つには、ステンレス製のラックなどに入れるといいでしょう。**ラックに入れれば自然と水が切れるので、直置きよりはぬめりやカビの発生を予防できます。**

ボトルだけでなく、お風呂掃除用の洗剤やスポンジ、タワシなどをゴチャゴチャ床に置いているのも×。きちんと種類を分け、やはりラックに入れてまとめておきましょう。

お風呂
洗面所

バスグッズは明るい色や香りの良いものを選ぶ

椅子・風呂桶

タオル・スポンジ

シャンプー・リンスなど

色を選ぼう

金運	黄、茶、ゴールド
仕事運	青、茶、赤、紫
健康運	緑、青、白、ラベンダー

香りを選ぼう

金運	ジャスミン、キンモクセイ
仕事運	ラベンダー
健康運	ミント、柑橘系

浴室に置く洗面器、椅子などのバスグッズは、明るい印象を与えるパステルカラーを選ぶか、香りの良いヒノキなど、木製のものを選ぶのが開運のカギ。特に、木製のグッズは健康運アップに効果的ですが、よく乾かさないとカビが生えるので、管理に気を遣いましょう。

逆に避けたいのは、運気が低調になりやすい黒などのモノトーンのバスグッズです。

スポンジやタオルは、良い運気を運んでくれるビタミンカラーを選びましょう。ただし、どちらも悪い気を吸いやすいアイテムなので、まめに交換することが大切です。

寝室

環境を整えることで睡眠中に良い気をチャージ

気は頭から入るので枕の位置などに注意

人は寝ている間に体力を回復し、さらに気のチャージも行います。**寝ている間にしっかり気をチャージすることで、タイミングよくスタートダッシュができ、大変な局面でも粘って、最終的には波に乗れる運気の強い人になれます。**

寝ているとき、気は頭から入ってきます。そのため、頭の周りの状態は重要であり、枕を置く方角もよく考える必要があります（112ページ参照）。

ベッドカバーやカーテンなど、布の占める面積が多いのも、寝室の特徴。したがって、どんな色や模様を選ぶかも重要になります。

金運アップには水玉やペイズリー柄

色については温かみのあるものがいいでしょう。金運アップには黄色がおすすめです。運気を停滞させる黒い枕カバーやシーツなどは避けたほうが無難です。

柄は、金運や人気運がアップする水玉模様や、勾玉に似ているペイズリー柄を選ぶといいでしょう。

なお、寝るときに枕元に携帯電話や仕事の資料などを置いて寝る人も多いかもしれません。頭は良い気の入ってくる場所なのに、こうしたものを置いていると阻害されてしまうので、枕元を避けて、サイドテーブルや足元などに置くようにしましょう。

理想の金運寝室はコレ！

さらに金運アップ!!

布団の柄にもこだわろう

金運アップには水玉模様や、ペイズリー柄がベスト。水玉はコインを連想させ金運によいとされています。また、ペイズリー柄は三種の神器にも挙げられる勾玉を連想させるので、こちらも金運には最適と言えます。そのほかには、動物的本能で金運をつかむという意味でアニマル柄もおすすめです。

寝室

ベッドは体の大きさに対し小さすぎないものを選ぶ

ひろーい♥
布団+マットレスで!

フローリングの上に布団を敷く場合は、マットレスがあるといい。睡眠中は気をチャージする時間でもあるので、悪い気を取り込まない配慮を忘れずに。

ベッドは小さすぎず部屋のサイズに合ったものを選ぶ

ベッドは大きいものを選んだほうが、体が休まるばかりでなく、仕事運もアップ。才能を発揮するためには、枕も大きいほうがいいでしょう。

ただし、小さい部屋に無理やり大きいベッドを押し込むのはNG。あくまで、**部屋のサイズと合う範囲で、大きめのベッドを選ぶこと**です。

布団の人は、畳であればベッドよりも良い気を取り込みやすいのでGOOD。フローリングの部屋に布団を敷く場合、風水では「フローリング＝地面」と考えるので、そのまま敷くと足元にたまった邪気を睡眠中に取り込んでしまいます。必ずマットなどの上に布団を敷いてください。

寝室

ドレッサーは財産庫。大事にすると金運アップ

ドレッサーは明るい場所を選んで置こう
鏡はなるべく大きめのものがおすすめ。ドレッサーは女性の財産庫と考え、常にきれいにしておきましょう。
引き出し内は整理整頓を心がける

風水では、ものを収納する場所を〝財産庫〟と考えます。そのため、寝室に置く場合が多いドレッサーやメイクボックスなども財産庫です。

ドレッサーやメイクボックスは、いわば豊かさの象徴のようなもので、これらを大切にすると、舞い込む金運のグレードを上げられます。理想的なドレッサーは、鏡が大きくてピカピカしており、引き出しが多いものです。これを**明るい場所に置くと、そのドレッサーを使う人の金運と美容運がアップするでしょう。**

ただ、鏡が汚れていたり、周辺に髪の毛がたくさん落ちていると逆効果なので注意してください。

玄関
キッチン
ダイニング
リビング
トイレ
お風呂 洗面所
寝室
子ども部屋

子ども部屋

健やかに成長できる空間が開運のカギ

木製の家具が子どもを順調に成長させる

子ども部屋で最も重要なのは、健やかに成長できるエネルギーを取り込むこと。それには、**成長・発展のエネルギーを運ぶ、木製の家具を置きましょう**。たとえば、勉強机がスチール製だと、才能が活かせなくなるほか、その机で勉強しない子どもになります。

また、置いておきたいのがスタンドライト。時計も必需品です。時計はデジタルではなくアナログ時計にすると、時間の使い方が上手な子になります。

子どもは床に直に座りがちなものですが、冷たいフローリングに座ると運気も冷えるので、ラグを敷いたほうがいいでしょう。

また、子どもの運気を強めるためには、部屋を子ども自身に整理整頓させることが大切です。床におもちゃなどが散乱していると、気が乱れて集中力が身に付きません。子どもが自分で片づけやすい収納を心がけるようにしましょう。

成長に合わせてインテリアも変えよう

子どもが小さいうちは、子どもっぽい壁紙やファブリックでもOK。ただ、成長してもそのままではずっと幼児性が抜けず、依頼心の強い性格になります。そのため、**小学校高学年～中学生になるくらいの頃に、年齢相応のインテリアに変えてください**。

理想の金運子ども部屋はコレ！

学習机
木製のものがよい。置く場所はドアに背を向けない位置に置く

本棚
木製のものがよい。また、目の高さに置くものは学習関係の本にすることも大切

おもちゃ箱
おもちゃ箱は中のおもちゃが見えないよう蓋付きのものが理想

時計
デジタルではなく、アナログの時計がよい。時間の使い方がより上手になる

ベッド
成長、発展の気を持つ東側に枕を持ってくるのがよい

ポスター
憧れの選手やアーティストなどのポスターは目に付くところに貼るとよい

さらに金運アップ!!

ファンシーな部屋は何歳まで？

子どもが小さなころは空や雲のかかれた壁紙などで夢のある部屋に整え、その子の感受性を育てることはとてもよいことです。ただ、いつまでもそのままだと幼児性が抜けない子になってしまうので、小学校を卒業する頃を目途に、どんな部屋にするかを子どもと一緒に考えてみるといいでしょう。

子ども
部屋

机は入り口に背を向けず、北か東向きのベッドが吉

ロフトベッドの下に机は才能が伸び悩む

勉強机は入り口に背中を向けない場所に設置を。背中を向けると自分の世界に入り込み、引きこもりやすい子どもになってしまいます。間取りの問題もあるでしょうが、なるべくドアの方を向いて、窓から光が差し込む位置に置くといいでしょう。さらに北向きだと最高です。

最近、**背の高いベッドの下に机を入れている家庭も多いですが、これは子どもの能力が頭打ちしやすくなるので、あまりおすすめできません。**ベッドの下に置いていいのは洋服や、重要でない本くらいです。

また、ベッドは枕を北か東向きに置くと集中力アップに効果的です。

子ども部屋

集中力アップは蛍光色、心を育てるには白熱色

明かりが変わるシーリングライトがおすすめ

どの親でも、わが子には情緒の安定を求めるでしょう。また、集中力も子どもに備えてもらいたい要素のはずです。集中力をつけるには、青白い蛍光色の照明が効果的です。そのため、勉強は蛍光色の明かりの下で取り組んだほうがいいでしょう。

ただ、情緒を育てたり、感情を豊かにさせてくれるのは、白熱色のやわらかい黄味がかった明かりです。そのため、**勉強机のスタンドは蛍光色に。寝るとき、遊ぶときに使う照明は白熱色にして、光の力を使い分けるのが理想**です。また、明かりが変わるシーリングライトなどは子ども部屋におすすめです。

ペットのトイレ、どうしよう？

悪臭対策をすればどこに置いても問題なし

ペットのトイレも人間のトイレと同じようなもので、うまく対処しないと悪い気の発生源になります。「悪臭＝悪い気」なので、排泄物をなかなか片づけなかったり、臭いを放置したりすると、そこから悪い気が家中に充満してしまいます。そのため、シートや砂をまめに変えたり、近くに空気清浄機を置くなどの対処をしましょう。置く場所ですが、玄関でもリビングでも、好きな場所でOK。ただ、常に目に入る場所ではなく、極力目立たない場所に置いてください。

Part 2

金運をもっと引き寄せる暮らし方風水

日々の暮らし方の中にも金運を上げる
風水的なコツはたくさんあります。
ここでは日々の家仕事や暮らし方で
実践したい金運アップ行動に加え、
運気を下げるNG行動を紹介します。

玄関

玄関で今すぐできる開運行動
靴をしまってスリッパを用意

季節感を無視すると空気を読めない人になる

玄関に靴をたくさん並べていると、運気はダウンしがち。理想は全部下駄箱に入っている状態です。

それでも急な場面に備えて多少靴を出しておきたいなら、家族の人数分までOK。ただ、季節外れの靴を出しておくと空気が読めない人になりがちなのでご注意を。

家族の人数分以上の靴が下駄箱からあふれる場合、**下駄箱の下など、目につかない場所に置くのは構いません。ただ、それで靴がホコリっぽくなると、仕事運が低下するので要注意です。**

室内ではスリッパを履きたいところ。スリッパの裏側は汚れやすく、悪い気を吸着するので、こまめに拭きましょう。来客が少なくてもお客さま用スリッパも必ず用意を。置かないと対人運が下がるので、風水上必要なことだと思って置いてください。

赤い玄関マットと鈴には厄除けパワーがある

悪い気が侵入するのを防ぐには、玄関マットを赤にすると◎。赤は強い厄除けパワーを持つ色です。

鈴などの音が鳴るものをドアにつけるのもいいでしょう。神社に鈴があることからもわかるように、**鈴には邪気を払って良い気を招きよせるパワーがあります。**スマホやバッグなどにつけて、常に携帯するのもおすすめです。

知っておこう玄関の開運行動

たたきには極力何も置かない
スリッパは
お客さま用も用意
スリッパの裏も
こまめに拭く

玄関は気が入ってくる場所であるからこそ、清潔感漂うものにしたところ。
たたきは極力何も置かず、スリッパの裏などもこまめにチェックしよう!

●玄関の厄除けアイテムはコレ

鈴など
チリン
チリン

近所の氏神様などで購入した鈴などをドアなど下げるとよい

赤いマット

赤は厄除けの色。玄関マットなどには特に使いたいところ

玄関

玄関掃除のポイント

靴、たたきは布で拭いて厄落とし

下駄箱は開けっ放しだと金運がダウンする

靴が持ち込む汚れによって、玄関や下駄箱は汚くなりがち。汗で湿り、底に泥などがついた靴をそのまま下駄箱に放り込むと、下駄箱内部に臭いが充満し、湿度もアップ。悪い気の集まりやすい場所になってしまいます。

回避するには、**靴を短時間たたきに置いて汗を乾かした後、乾いた布で軽く拭いてから、下駄箱にしまうようにするといいでしょう。**

なお、下駄箱には除湿剤を入れておくのがおすすめ。それだけでなく、たまに扉を開けて、こもった空気の入れ替えをするのもいいでしょう。ただ、常時開けておくと、金運が下がるので注意してください。

白布で拭き掃除するとスペシャルケアになる！

玄関のたたきは、普段からほうきや掃除機でホコリをとるのは当たり前。加えて、**月1〜2回は白い布で水拭きをすると、悪い気を跳ねのける"スペシャルケア"になります。**お正月や、最近不調続きと感じるときにもおすすめです。

布は古布ではなく、きれいな白い布を使います。家の顔の掃除だからこそ、作業はその家の主人、一家の大黒柱が行うと、より一層効果的。子どもなどが拭いてもあまり意味がないので、大人が行いましょう。

まずは靴の整理整頓から

下駄箱は、背の高いもの、妻、子ども、夫などそれぞれ整理をして収納するのがベスト。しまうときは、汚れを落とすことも忘れずに!

●玄関のスペシャルケア

運はとにかくきれいであることを好む。月に1～2回のペースでいいので一家の主人が、たたきを水拭きし、心から良い気を呼び込むよう努めよう

玄関

玄関で絶対やってはいけないこと
表札なし、余計なものだらけはNG

表札がない家に良い気はやってこない

まず、表札がない玄関は×。神様は、名前のわからない人の望みは叶えてくれません。名字だけでよいので表札をつけると、特に仕事運アップに効果を発揮します。

また、玄関に靴が乱雑に置いてあると運気がダウン。下駄箱に泥やホコリだらけの靴が入っている状態も、金運が低下します。

悪い気は汚いところ、悪臭がするところが好きなので、下駄箱が汚いのも運気が低迷しがちです。

下駄箱に靴以外のもの（バッグなど）を入れるのも避けるべき。靴以外に入れていいのは、靴のお手入れ用品や脱臭用の炭、除湿剤、芳香剤、あるいは傘などだけです。

壊れたもの、古いもの、死んだものは絶対置かない

玄関にゴルフバッグなどの遊び道具を置くと、遊び中心の思考になりがちな気を招くのでNG。仕事運や家庭運を低下させます。

ゴミやダンボール箱を山積みしておくのも、悪い気を引き寄せるので避けてください。

また、**壊れたものや使っていない古いもの（傘など）は、ゴミと同じエネルギーを持つ**ので、玄関には置かないようにしましょう。

はく製、ドライフラワーなどのすでに死んでいるものも、運気がダウンするので玄関に置かないでください。ぬいぐるみもNGです。

こんな玄関は即アウト

✕表札がない

家の顔である玄関に表札がないと、運はあなたの家を素通りしてしまう

✕靴が散乱している

良い気が入ってこないばかりか、靴に着いた外の悪い気が増幅する

✕下駄箱にバッグ

バッグは日常的に持ち歩く財産庫。それを下駄箱にしまうと金運を下げる

✕遊び道具が置いてある

玄関に遊びの気が充満してしまい仕事運が低下する恐れがある

✕いらないものが置いてある

古新聞や出す前のゴミなどは悪い気が発生しやすいので玄関に置くのはNG

✕動物のはく製やドライフラワーがある

これらはミイラを置いているようなもので、陰の気が発生しやすい

キッチン

キッチンで今すぐできる開運行動①
食器とお米は大切に扱う

食器を自然乾燥させた場合は必ず乾いた布で拭く

古来より、「食器」「鏡」「アクセサリー」は貴重品と考えられてきたので、**食器を大切に扱うことは金運の向上につながります。**

まず、食事に使って汚れた食器は、シンクに放置せず早く洗いましょう。そして、なるべくすぐ拭いてしまってください。自然乾燥させてからしまう家も多いかもしれませんが、その場合は乾いた布で一拭きしてからしまうひと手間をかけると、運気がアップします。

食器棚の中は、食器の素材や使う頻度などで分類して収納しましょう。分類せず、来客用の高級食器から子ども用の食器まで混ざり合っていると、金運が低下します。もちろん、カトラリーもきちんと分類してください。

「お米＝お金」だと考えて大切に扱う

お米は大きく金運に関わるものの一つ。**お米を大切に扱わないと金運は逃げてしまいます。**

米びつや専用のタッパーなどを用意せず、買った袋に入れたままお米を保管するのは避けるべき。お米は一粒一粒がお金だと思ってください。お金は、銀行でおろしたら、いったん財布に入れてから使うはずです。それと同様に、**お米もいったんどこかに保管してから使うことで、金運を向上させることができます。**

食べ終わったらすぐさま洗い、すぐさましまう

汚れた食器は悪い気が発生しやすい。洗い桶に水を長期間ためておくなどは悪臭とぬめぬめの発生原因なので気を付けよう

●お米は大事に保管

米びつは高価なものでなくてよいので必ず用意し、お米を大事に扱おう

キッチン

キッチンで今すぐできる開運行動②
スパイスとハーブで運気をアップ

スパイスたっぷりの料理は金運をアップさせる

料理に使うスパイスや調味料は、運気を活性化させるアイテム。カレーなどのスパイスたっぷりの料理を食べると、やる気がアップして積極的になれますし、お金につながるような仕事が舞い込むことも期待できるでしょう。よって、キッチンにはスパイスを常備したいところです。

スパイスや調味料を調理台にズラリと並べている家庭は多いものです。並べていること自体は悪くありませんが、ゴチャゴチャしてどこに何があるかわからないような状態はNG。一カ所スパイス・調味料置き場を作り、まとめて並べるようにしましょう。

なお、**スパイスや調味料は料理中に触れることも多く、油などで汚れがち。容器が不潔な状態だと運気がダウンするため、きれいに拭くことを心がけてください。**

ハーブを育てるとキッチンの気が安定

キッチンのカウンターなどで料理に使うハーブを育てるのも、開運行動の一つ。**キッチンは気が乱れやすい場所ですが、ハーブなどの植物には気の乱れを緩和するエネルギーがあります。**

ハーブ以外で観葉植物を置く場合、特に気を乱す要因になりがちな、電子レンジの近くに置くことをおすすめします。

ハーブで金運を活性化

スパイスや調味料はラックなどで整理整頓を心がける。雑然と置いたのでは逆効果

●運気アップのスパイス＆ハーブあれこれ

金運によい	シナモン、クミン、八角
仕事運によい	七味、チリペッパー
健康運 恋愛運によい	ローズマリー、バジル

キッチン

キッチンで今すぐできる開運行動③

〝殺気〟がある刃物は隠して収納

刃物をむき出しで置くと運気がズタズタになる！

キッチンには包丁やキッチンバサミといった刃物が置かれているもの。刃物は〝切ること〟を目的としたアイテムなので、いわば〝切るエネルギー〟を持ちます。

そのため、たとえばキッチンバサミを壁面にぶら下げていたり、包丁を常に丸見えの状態で収納していたりすると、切るエネルギーにより、あらゆる運気がブツブツ切断されてしまいます。

また、刃物は〝殺気〟も併せ持ちます。刃物の切っ先が自分の方を向いていると、何となく嫌な気持ちにならないでしょうか。それは、刃物に殺気があるからです。

子どもは特に殺気に敏感で、悪い気の影響を受けやすくなるので注意が必要。**殺気から家族を守るためにも、刃物はあまり目の触れないところ（シンク下など）に隠して収納すべきです。**

よく研いだピカピカの包丁は金運をアップさせる

なお、家に使わない包丁や切れ味の鈍った包丁を何本も置いておくのもNG。切れないことが原因で使っていないのなら、きちんと研いで使いましょう。

ピカピカの金属は金運アップに効果的ですが、包丁もきれいに使うと、良い気をもたらします。研いでも使わないものであれば、面倒でも処分してください。

刃物の扱いには注意しよう

●刃物は見えないところに必ずしまう

出しっ放しはもちろんNG。しまう場合も水などはさっと拭き取り、ピカピカの状態でしまおう

●包丁は必要なものだけ

包丁は必要なものを厳選し、使っていないものは極力処分すること

切れない包丁の放置が一番悪い。増やさないためにも手入れは必要

キッチン

キッチン掃除のポイント
金運はピカピカを好む！

ステンレスは常にピカピカに磨く

金運は、キラキラピカピカ輝くものに引き寄せられます。ステンレス製のシンクや調理台も、水アカや油汚れでくもったままにせず、常にピカピカにしておくと金運がアップします。調理の後、毎回簡単にさっと拭き掃除をするだけでも、だいぶ違ってきます。

生ゴミの悪臭対策も重要。ディスポーザーで処分するのが一番ですが、なければ蓋付きで臭いが漏れないゴミ箱を用意します。

よく、ゴミ箱をベランダに置いて、生ゴミもそこで保管する人がいますが、**ベランダの窓は大きな気の出入り口なので、そこにゴミを置くのはおすすめできません。**

悪臭対策としては、気のめぐりを良くする換気扇も有効。ただ、換気扇自体が汚れていると意味がないので、こまめに掃除して油汚れを取り除いてください。

焦げやサビは金運をダウンさせる元凶

キッチンの床は油で汚れやすいので、拭き掃除も大切です。キッチンマットを敷いているなら月1～2回は洗いましょう。

また、**コンロや鍋の焦げ付きは、金運ダウンに直結します。そのままにせず、手入れをきちんとしてください。**あまりにひどいものは買い替えることも視野に入れましょう。

押さえておきたいキッチン掃除のポイント

Point 1 シンク&コンロ

使ったら拭くが何よりも大事。特に油汚れなどは時間が経つと落ちにくいもの。炒め物、揚げ物料理をした日は、必ずぬれぞうきんでさっと拭き取る習慣を付けよう。また、洗い桶の裏側もぬめりの温床。使い終わったらシンクに立てかけるようにすることも忘れずに。

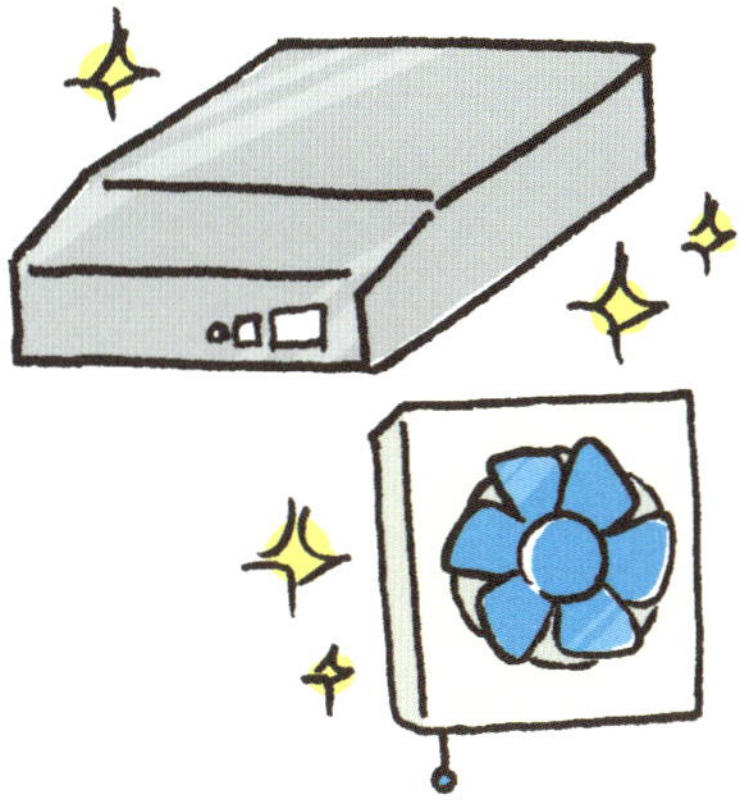

Point 2 レンジフード&換気扇

レンジフードと換気扇は年末の大掃除で、という家庭は多いもの。ただ、年末の寒い時期に掃除すると寒さで油汚れが一層頑固なものに。そこで、年末の大掃除以外に夏に1回掃除することを心がけてみよう。夏は温度も高く、油汚れが落ちやすいのでおすすめ。

Point 3 ゴミ箱

ゴミ箱は蓋付きで悪臭をカット。特に生ゴミは悪い気の発生源なので、マンションなどにゴミの保管場所がある場合は、キッチンにためこまずこまめに捨てることも考えよう。戸建てなどでそうも行かない場合は、ゴミ袋の口をきちんと縛るなど臭いを抑える工夫を。

キッチン

キッチンで絶対やってはいけないこと
不潔が一番ダメ。ものの置き方も注意

コンロの持つ火のエネルギーを侮らない

コンロ周りが油汚れや焦げ付きだらけだったり、シンクがくもっていたり、排水口から悪臭が漂っていたりすると、運気は全般的に大きく低下してしまいます。

また、食器洗い用スポンジがボロボロだと、せっかく洗っても食器に悪い気を付けるのでNGです。

冷のエネルギーを持つ冷蔵庫の上に、熱のエネルギーを持つ電子レンジを乗せるような、〝相剋するエネルギーを近づけすぎる状態〟にするのもNG。同じ考え方で、コンロの近くにウォーターサーバーなどを置くのも避けたほうがいいでしょう。

コンロの持つ火のエネルギーは強力です。そのため、コンロの近くには貴重品も置かないようにしてください。うっかり財布などを置いておくと、金運が低下してしまいます。

冷蔵庫に写真を貼ると対人運が冷え込む

冷蔵庫の扉に、いろいろ貼っている家庭も多いかもしれません。**レシピや冷蔵庫内の在庫表などはOKですが、予定表や写真などを貼るのは避けましょう。**

たとえば予定表を貼ると、冷蔵庫の冷気の作用で予定がうまく行かなくなりがち。写真を貼ると、その写真に写った人との関係が悪化する恐れがあります。

こんなキッチンは即アウト

×コンロがギトギト

とにかく汚れは悪い気の発生源。そこで作られる料理にも悪い気が付きやすい

×火と水のエネルギーが近い

ウォーターサーバーは、コンロの近くに置くとエネルギーが相剋し気が乱れやすい

×キッチンに財布を置く

火の気が強いキッチンに金の気を持つ財布をむき出しで置くと金運がダウンしやすい

×スポンジが汚い

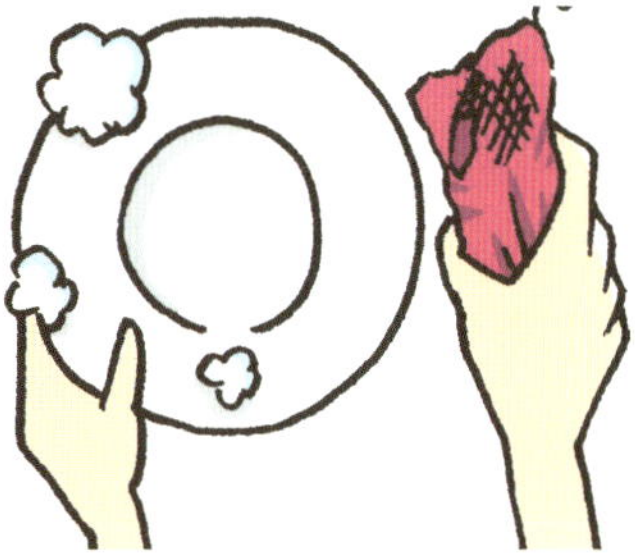

汚れたスポンジで食器を洗うのは、悪い気を財産にこすり付けているのと同じ

×冷蔵庫にべたべたものを貼る

冷やすエネルギーを持つ冷蔵庫の扉に、思い出の写真や予定表を貼ると、貼ったもの自体の運気が冷やされる。貼るなら在庫リストや買い物リストなど、冷蔵庫と関係のあるものにしよう

ダイニング

ダイニングで今すぐできる開運行動

実権を持つ人は北に座る

大きな気は北から南へ向かって流れる

ダイニングテーブルは、家族で一番実権を持つ主人（一家の大黒柱など）の座る位置が重要です。風水では、大きな気の流れは北から南に流れると考えるため、強い気を受け止めるためにも**テーブルの北側か北西側を主人の定位置にすると、運気がアップします。**

逆に、東南側に主人が座ると、リーダーシップが発揮しづらくなります。東南側はやさしさ、ほがらかさと関係する方位なので、子ども（特に女の子）が座ると人気運がアップするのでベストです。

分相応プラス、ワンランク上の食器で食事をしよう

食器は常にワンプレートで済ませず、料理の内容に合わせて変えたほうがいいでしょう。

風水では「食器＝財産」なので、いくら片づけやすいとしても、食器の数が少なければいいとは考えません。さまざまな種類の食器を持ち、それを料理によって使い分けるほうが、運気は向上します。

ただ、**安い食器ばかり使っていると、安っぽい気しか寄ってこず、あまり金運が上がりません。**毎日使う食器は、自分の生活水準に合った価格のもの、あるいはワンランク上のものを選ぶべきです。何か一つでもいいので、自分が〝こうありたい〟と思うレベルの食器を買ってみましょう。

ダイニングテーブル、座るところにも意味がある

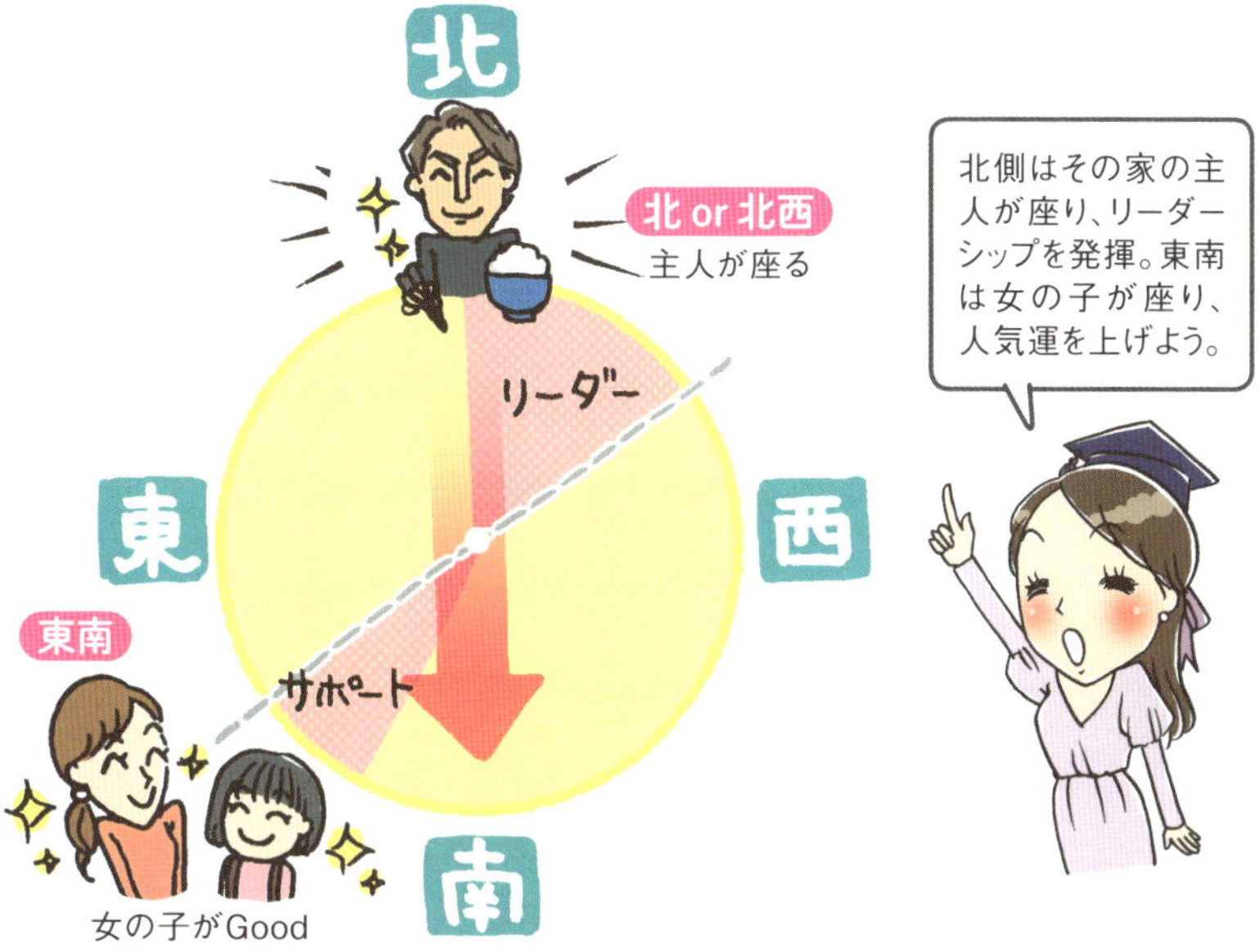
北
北 or 北西
主人が座る
リーダー
東
西
東南
サポート
女の子がGood
南
北側はその家の主人が座り、リーダーシップを発揮。東南は女の子が座り、人気運を上げよう。

●取り分けのお皿は必ず用意

とり分ける!
大皿料理などは、家族のコミュニケーションがアップしやすい料理。ただ大皿で出す場合は、それぞれ取り皿を忘れずに用意するのが運気アップのコツ。

○金運ワンポイントMEMO

ワンランク上の食器は陶器がおすすめ

食卓にワンランク上の食器を取り入れる場合は、陶器製の器や湯飲みがおすすめです。大地の恵みを取り入れる食事には、やはり大地のエネルギーを持つ陶器の相性が良いと言えます。ごはん茶碗や湯飲みなどを少し高価な陶器のものにしてみてはいかがでしょうか?

ダイニング

金運アップに効果的な食べ物ってどんなもの？

金運のラッキーカラーである黄色の食品は吉

風水では食事を非常に重視します。人間の体は食べたものから作られるわけですから、食べるものを疎かにしていたら、運気が低迷するのは当然です。

金運をアップさせたいなら、特に効果的なのは色が黄色い食品です。黄色は金運を生み出すラッキーカラーなので、食べ物もやはり黄色いものを選ぶとGOOD。

また、卵をどんどん生み出す鶏も、金運アップにつながるもの。**鶏肉を食べることでも金運は上がります。**鶏肉と卵を使った親子丼やオムライスなどは、金運アップの最強メニューと言っても過言ではないでしょう。

卵以外の黄色い食品と言えば、柑橘系のフルーツなど。健康運もアップさせてくれるので、まめに食べるようにしてください。

仕事運の向上は、最終的に金運アップに結び付きます。その**仕事運を上げるには、根菜がおすすめ。**根菜がたくさんとれる、シチューや筑前煮、豚汁といったメニューは積極的に食べたいものです。

そのほかに仕事運が上がるのが、コーヒーやゴーヤ、あるいはピーマンなどの、やや刺激のある苦い食品。また、**スパイスの利いた辛い食べ物も、仕事運・金運ともに上昇させてくれる**ので、なるべく意識的に食べるようにしましょう。

金運アップの食事はコレ！

●金運最強メニュー

鶏肉
卵
オムライス
親子丼
鶏肉のピカタ

●仕事運アップメニュー

根菜

大根やニンジン、ゴボウなどの根菜類は根気や勤勉さをもたらすパワーがある

シチュー
筑前煮
豚汁

スパイスの利いた辛いものは金運、仕事運どちらにも◎

玄関
キッチン
ダイニング
リビング
トイレ
お風呂 洗面所
寝室
子ども部屋
収納
盛り塩 神棚

ダイニング

ダイニング掃除のポイント

テーブルをすっきりさせよう

テーブルの上を物置にしないように注意

　ダイニングテーブルの周辺は、どうしても食べこぼしが多くなる場所。ハンディークリーナーを近くに置いておくなどして、汚れを放置せず、こまめに掃除するといいでしょう。

　また、ダイニングテーブルは〝とりあえず〟でものを置きやすい場所でもあります。実際、ダイニングテーブルにさまざまなものが山積みになっており、食事するときはそれらを押しのけてスペースを作る、という家庭も多いのではないでしょうか？

　食事に関係のないものがゴチャゴチャあふれていると気が乱れるので、テーブルを荷物置き場にするのはNG。いつもすっきり片づけることを心がけてください。

薬やサプリメントはテーブルに置いてOK

　ダイニングテーブルに置いてもいいのは、一時的な荷物（すぐに片づけるもの）のほか、カゴに入れたフルーツなどの食品類。あるいは、飲み忘れ防止のために薬やサプリメントなどを出しておくのも、健康運のアップにつながるため、問題ありません。

　ただ、薬やサプリメント類は、気を抜くとバラバラあちこちに散乱しがち。これだと逆に健康運は低下してしまうので、箱などにまとめて整理しておきましょう。

ダイニングテーブルは常にすっきりと

コミュニケーション運を育む場であるダイニングテーブルには極力ムダなものは置かないようにしよう。

●ダイニングテーブルに置いてよいもの

花や置物

金運をアップするには、花＝ヒマワリ、置物＝鶏が最適と言える

フルーツ

フルーツは「実を結ぶ」という意味を持ち、仕事運を上げるアイテム

薬やサプリ

アミノ酸
ビタミンC
コラーゲン
Supplement

健康や美容に大切なものは飲み忘れない目の届くところにあるのがよい

ランチョンマット

テーブルを汚さないためにもランチョンマットは必須アイテム

ダイニング

ダイニングで絶対やってはいけないこと
険悪な雰囲気で食事をしない

悪口や文句は負のエネルギーを生む

ダイニングは食事からエネルギーを吸収する場であり、コミュニケーションの場でもあります。**和気あいあいと家族で食事を楽しめば家庭運はアップ**。話をしても内容が悪口や文句ばかりだと、家族全員負のエネルギーを取り込むことになるので、避けてください。

もちろん、口げんかしながらテーブルを囲むのも×。それくらいなら、テレビを見ながら食事をしたほうが何倍もマシです。ただ、テレビをつけるなら、みんなで笑える番組など、食事中にふさわしいものを選ぶのが重要です。

食事の際に、欠けた食器を使うのもNG行動の一つ。**欠けているものを使い続けると金運が下がる**ので、欠けた時点で思い切って処分しましょう。

それが思い出の品である場合は無理に捨てなくてもいいですが、使うのは避けたほうが無難です。

買ってきたお惣菜をそのまま食べるのはNG

また、買ってきたお惣菜などを食器に移さず、パックのまま食べることが多いと、愛情運がダウンするのでNGです。

食器を使うと洗い物が増えるので、面倒に感じるかもしれませんが、必ず移し替えを実践してください。特に、子どもがいる家庭では必須です。

こんなダイニングは即アウト

×マイナスな話に終始

食事中の会話がついつい暗い話や悪口ばかりになってしまうのは避けたいところ。エネルギー補充の場が、負のエネルギー増幅の場に変わる

×欠けた食器を使っている

食器＝財産と考えれば、欠けたままの食器を使うのはNG。金運を下げる

×買って来たままの食卓

食べ物のエネルギーを取り入れるにはそれを高めるひと手間も必要

リビング

リビングで今すぐできる開運行動①
テレビの位置やサイズに注意

テレビは消えていても集中力を妨げる

リビングが書斎を兼ねており、そこで仕事をする人もいるでしょう。また、子どもがリビングで勉強する家庭も多いはず。そんな時、テレビと向かい合う形で仕事や勉強をすると、たとえテレビがついていなくても集中力がダウンします。ですので、見ていないときはテレビにカバーをかけるのもおすすめです。

テレビは静電気でホコリを吸着させやすいので、それを避けるためにもカバーは便利です。**テレビがホコリだらけだとコミュニケーションが下手になり、対人運が低下する**ので、掃除を忘れないようにしてください。

ゴチャゴチャの配線も対人運に悪影響

間取り的に可能であれば、テレビは東の方角に置きましょう。**東は音の出るものと相性がよいので、テレビのほか、ラジオや楽器なども東に置くと仕事運が上昇します。**

テレビなどの配線がグチャグチャだと、対人運に悪影響が出て人間関係が悪化しがち。コードは束ねるなどして、見苦しくない状態にしましょう。

また、これからテレビを買うときは、部屋のサイズに対して大きすぎるものを選ぶと運気がダウン。逆に、広い部屋で小さすぎるテレビを買うのもNGです。

テレビに関する4つの開運行動

テレビにカバーをかける

テレビをつけないときはカバーをかけ、画面にホコリがつくのを防ぐ

テレビのホコリを払う

気付けばホコリだらけということもしばしば。定期的に掃除を

コードはまとめておく

配線はまとめておいたほうが掃除もラクで対人運にもよい

テレビは大きすぎず

リビングのサイズにあったテレビを選ぶのが運気アップのコツ

リビング

リビングで今すぐできる開運行動②
ソファを片づけて窓は開けよう

ソファには極力ものを置かないようにする

リビングのソファも、ダイニングテーブルと同様に、ついついものを置きがちな場所です。脱いだ服や洗濯物、バッグなどを積み重ねてしまい、ソファが物置状態になっている家庭もあるかもしれません。

特に、**脱いだ洋服は多かれ少なかれ汚れており、悪い気の発生源になります**。それをソファにどんどん積み上げていくと、運気が増幅してしまうので注意。ソファにはクッションやブランケット以外は何も置かないのがベストです。

サンキャッチャーが運気を引き寄せてくれる

リビングは、通常だと家の中で最も大きな窓がある場所です。窓は気の出入りする場所なので、頻繁に開けて良い気を取り込むようにしたいところ。

その際、**カーテンレールなどにキラキラ光るガラスのサンキャッチャーを下げておくと、窓の外から良い運気（特に金運）を家の中に招き入れてくれます**。

リビングの大きな窓は開けていても、小さい小窓はまったく開けていない、というケースもあるでしょう。

閉めっぱなしの窓があるというのも、悪い気をためる要因になるので、時々気付いたときに開けるようにしてください。

リビングでのこんな行動が金運を呼ぶ

洗濯物などは置かない
バッグはカゴなどで置き場所を作る

●窓を開けて気を取り込む

大きな窓は毎日、小さな窓は気付いたら開けるのが吉。また、金運はキラキラしたものが好きなので、サンキャッチャーを下げるのもよい。ミニ観葉植物で浄化を心がけるとさらによい

サンキャッチャー
ミニ観葉植物

リビング

リビング掃除のポイント
窓ガラス、カーテン、網戸は清潔に

ホコリだらけだと家庭運がダウンする

リビングで毎日取り組みたいのがホコリの除去。床や家具にホコリが積もっていると家庭運がダウンし、家族との会話がなくなったりするので要注意です。

玄関が汚れていると良い気が入って来ないのと同様に気の出入りする窓も、汚れていると良い気に素通りされてしまいます。

窓ガラスを拭くのはもちろん、カーテンのクリーニングもしてください。網戸の拭き掃除も忘れずにしたほうがいいでしょう。

とはいえ、これらを毎日やるのは大変なので、**普段は軽く拭く程度でOK。ただ、年に2回くらいのペースで、特に念入りに窓周辺を掃除する機会は持ってください。**

神社でも、浄化の儀式である大祓を年2回行い、汚れや穢れを集中的に落とします。それと同じく、家庭でも年2回程度は、大掃除をすることをおすすめします。

汚いエアコンが悪い気を充満させる

また、エアコンの掃除も忘れてはいけません。汚れて内部にカビが生えたエアコンを稼働させると、部屋中に悪い気を充満させることになります。**フィルターは月に1〜2回掃除し、ホコリを除去。**最近は、内部クリーンモードがついているエアコンも多いので、活用するようにしましょう。

窓や網戸＆エアコンに注意

●窓と網戸

窓は常にピカピカにしておくのがポイント。網戸は定期的にチェックし、カーテンは年に2回ぐらいのペースで洗うようにする。リビングの窓周りの掃除はこれを基準に！

●エアコン（フィルター＆内部の掃除）

意外と汚れがちなのがエアコンの中。開けてみるとホコリがビッシリ、カビがちらほらなんてことも。よく使うシーズンは月に1～2回のチェック＆掃除を忘れずにしたいところ

リビング

リビングで絶対やってはいけないこと
バッグの床置き、洗濯物の放置は×

財産庫を床に置くと金運がダウンする！

リビングは長く過ごす場所なので、普段持ち歩くバッグをリビングに持ち込んでいる人も多いでしょう。それ自体は悪いことではないですが、バッグの置き場がなく、常に床に置いている状態はNG。リビングではなく、玄関や廊下などの床に置いておくのも同様です。「収納＝財産庫」と考える風水では、バッグも小型の財産庫と考えます。**財産庫を床に置くと金運が低下してしまいます。**

バッグは収納スペースにしまうか、フックにひっかけるか、床にカゴなどを置いてそこに入れるようにしてください。

洗濯物の放置はズボラの証 女性の魅力を低下させる

雨の日など、リビングに洗濯物を干すのは仕方ありませんが、**干したものをいつまでもそのままにしていると、愛情運がダウン。**結果、夫婦間がぎくしゃくしたり、女性の魅力がダウンするリスクも高くなってしまいます。

居心地がよく清潔なリビングだと、長居しているうちに眠くなることもあるでしょう。ただ、ソファで長時間寝るのは避けてください。ソファで寝ても、上質な睡眠をとることは難しいものです。**上質な睡眠をとらないと、仕事運、健康運がダウン**するので、結果的に金運も悪化するでしょう。

こんなリビングは即アウト

×バッグを床に直置きにする

バッグは小型の財産庫。床に直に置くと財産を大事にしていないのと同じこと。カゴやラックなど置き場所を作るようにしよう

×洗濯物を室内に干しっ放し

部屋が雑然とし、金運ばかりでなく愛情運、人気運などあらゆる運に悪い

×ソファで寝ている

長時間寝る場合は寝室へ。気をチャージする睡眠がリビングなのは運気ダウン

トイレ

トイレで今すぐできる開運行動①
便器の蓋は必ず閉じる

便器の中から悪い気が出るのを防ぐ

44ページで、トイレを換気するときは、換気扇を回したり窓を開けたりするだけにして、ドアは開け放しておかないほうがよい——と書きました。

なぜなら、トイレは「ご不浄」とも呼ばれるように、何の対処もしないと自然に悪い気がたまりやすい場所だからです。ドアを開け放てば、トイレの悪い気が家中に広がってしまいます。

悪い気は、便器の蓋を開けておくと、便器の中から漏れ出してより一層広がってしまいます。そのため、普段から必ず、排泄を済ませたら便器の蓋を閉じるようにしましょう。これは、自分だけでなく家族にも徹底してください。

厄除け効果の高い盛り塩をタンクの下に置く

トイレは風水的に悪い気が増幅しやすい場所なので、厄除けやお清めの効果が強い、盛り塩を置くといいでしょう。タンク下などの目立たない場所がおすすめです。

ちなみに、**盛り塩を交換した後に古い塩を処分する場合は、トイレや浴室などの排水口に流すといいでしょう。**

これらは汚れたものを流す場所なので、必然的に悪臭の発生源となりがちで、悪い気の温床でもあります。ここに塩を流すと、浄化効果を得られます。

悪臭対策&浄化がポイント

●蓋は毎回必ず閉じる

トイレの蓋を開けっ放しにするのは、そこから悪い気がトイレ中に充満してしまうもとなので、使ったら必ず閉じる

●タンクの下に盛り塩

トイレは浄化が第一の場所。盛り塩の効果（P132参照）で悪い気を払おう。ただ置きっ放しはかえって悪いので注意

玄関
キッチン
ダイニング
リビング
トイレ
お風呂 洗面所
寝室
子ども部屋
収納
盛り塩 神棚

トイレ

トイレで今すぐできる開運行動②
空気清浄機の力を借りよう

文明の利器も浄化アイテムになる

風水には、浄化や厄除け、開運パワーを持つラッキーアイテムがいくつかあります。盛り塩や観葉植物などがその代表格です。

そのような、いわば自然界のもの以外にも、ラッキーアイテムはあります。その一つが空気清浄機です。空気清浄機には、家の中の空気をきれいにする力がありますが、それはつまり、悪い気を除去して清めることでもあります。よって、トイレのような吉相のない場所で使うと、運気の低下を防ぐ力を発揮します。

特に、**窓がなくて換気扇でしか換気できないトイレには、空気清浄機があると◎**です。文明の利器の力はうまく取り入れましょう。

ラベンダーはトイレに最適お香でもアロマでもOK

トイレのスペースが狭い、などの理由で空気清浄機を置けない場合は、やはり空気の浄化に効果的な香りのアイテムを用いましょう。

トイレに最適なのは、浄化作用があり癒やし効果も高いラベンダーの香りです。また、金運アップを求めるなら、ジャスミンやキンモクセイの香り。健康運や対人運アップを求めるなら、ミントや柑橘系の香りがおすすめです。

芳香剤やアロマオイル、お香など、取り入れ方は自由。好きな方法で香りのパワーを借りましょう。

玄関
キッチン
ダイニング
リビング
トイレ
お風呂 洗面所
寝室
子ども部屋
収納
盛り塩 神棚

トイレは香りで開運を目指す！

Step1 嫌な臭いを除去

嫌な臭いは悪い気を発生させてしまうもと。まずは空気清浄機などのアイテムで嫌な臭いをカットし、トイレのマイナスな気を除去することが大事

Step2 良い香りで運気アップ

浄化&仕事運、健康運UP

ラベンダー
癒やしの力を持ち仕事運、健康運によいラベンダー。さらに浄化の力もあるのでトイレには最適

金運UP

ジャスミン、キンモクセイ
ジャスミンは古くから金運によいとされる。それ以外ではキンモクセイがおすすめ

健康運、対人運UP

ミント、柑橘系
さわやかな香りで冷静さをもたらすミントや疲れをいやす柑橘系は健康運、仕事運に◎

トイレ

トイレ掃除のポイント

週イチで念入りに掃除する

日々の掃除は女性がやると吉

少し前にトイレ掃除がブームになったことがありますが、トイレ掃除をこまめにする習慣をつけて損をすることはありません。

トイレは健康運や女性の美容運と大きく関わる場所。そのため、女性が毎日トイレを掃除すると、その人の美貌が磨かれます。

普段は簡単な拭き掃除程度でもいいですが、週に一度は念入りに掃除をしたいところ。その際、一家の主人が掃除をすると、より一層厄を祓う効果は高くなります。

掃除では便器の内部を磨いたり、便座の裏表を拭いたりするほか、意外と盲点なのはタンクの下や水たまり部分です。特に水たまり部分は水アカがたまりやすいので、放置すると運気が低下します。

トイレはあくまでシンプルな空間を目指す

よく、水たまり部分にビー玉のような飾りを置くことがあります。置くこと自体は問題ありませんが、その飾りに汚れがつくと、悪い気が生じるので注意しましょう。

ほかにも、**多少は飾りを置いてもいいですが、置きすぎると気が乱れて汚れの原因にもなるため、シンプルな空間を目指したほうが無難**。また、明るい色味のマットを敷くと悪い気の発生を抑えられるので、色使いでアクセントをつけるのもおすすめです。

主人が行うとより一層効果的

●週に一度は家の主人が掃除をする

お金持ちと言われる人たちの多くがやっているトイレの掃除。主人が行うトイレ掃除はぜひとも真似してほしい金運をアップさせる行動の一つ

●見落としがちなタンク周りの汚れ

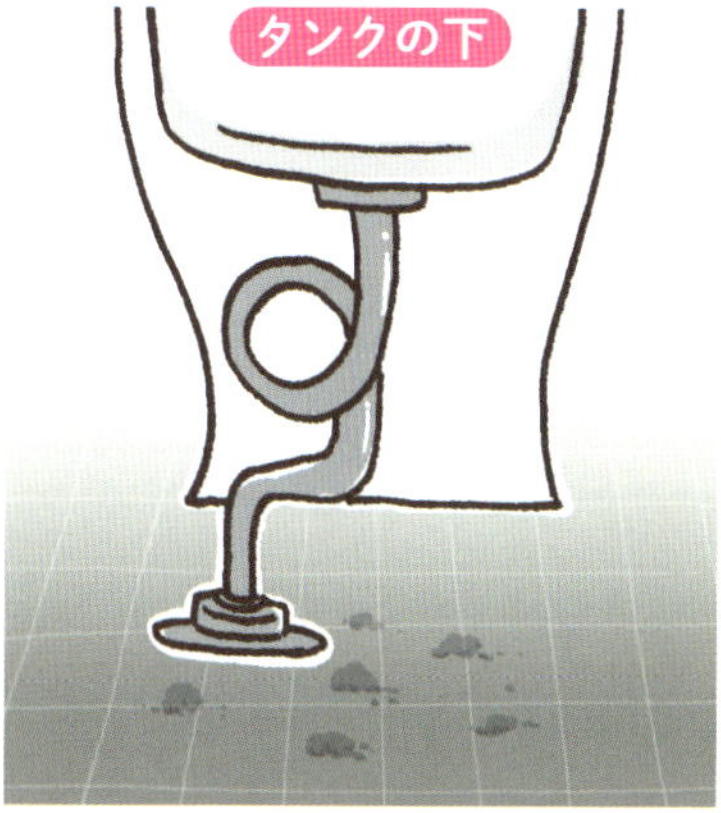

タンクの下はトイレの死角。だからこそ掃除の際は気にしてチェックすること

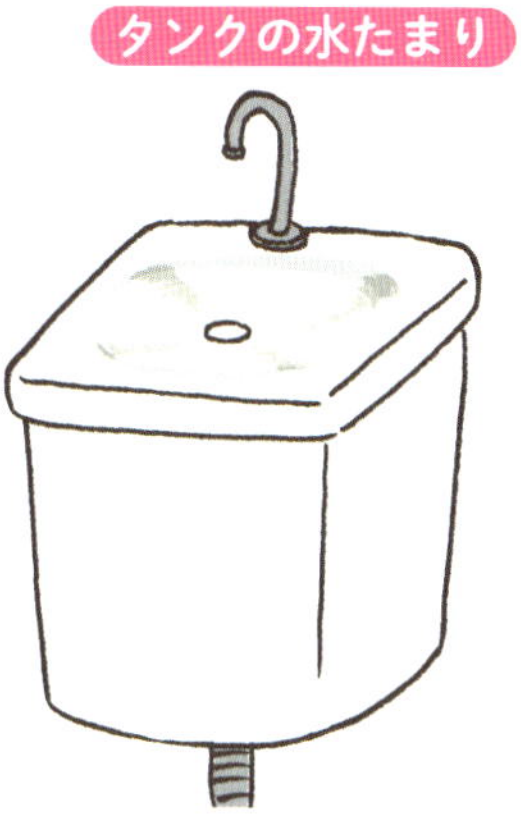

毎回水が流れるからきれいかと言えば、ノー。水アカやホコリがたまりがち

トイレ

トイレで絶対やってはいけないこと 長居するのが一番ダメ

本を置いておくと悪い気を吸い込む

トイレはどう頑張っても吉相になれない不浄の場。そのため、用事を済ませたら、できるだけ早く出ることが重要です。居心地がいいからといって本を読むなどして、長時間過ごすのは絶対NG。トイレで読む用の本を置くことも避けましょう。**トイレに置いた本は、悪い気を吸収するので、長々読んでいると運気がダウンします。**

排泄以外の行動は避けるのが吉

トイレで電話をしたり、メールをしたりするのもNG。読書もそうですが、**排泄の場所で、排泄以外の行動をとるのは凶運の元です。**

仮に、トイレで仕事の電話をしたとすると、仕事運がダウンし、その仕事に問題が生じるかもしれません。あるいは、友人にメールすると、対人運がダウンし、相手との仲が悪くなる危険もあります。

ドアにカレンダーを貼るのも×。ドアに何か貼ると、気の出入りを塞ぐことになるからです。また、大事な予定をトイレで立てると、その予定がうまく行かなくなるので避けてください。

また、子どもの勉強用に文字を書いた紙、地図などを貼っている家庭も多いかもしれませんが、トイレに貼った情報は頭に定着しにくいですし、ムダに長居する原因にもなるので避けましょう。

こんなトイレは即アウト

×トイレで本を読む

紙もの類はとかく悪い気を吸ってしまいがち。またトイレでの長居は不要

×トイレでメール

マイナスな気を発生するトイレでのメールは相手との仲が悪くなる可能性がある

×トイレに予定表

マイナスの気が充満する場所で予定を立てるとその予定に負のパワーがつく

×掃除をしていない

特にトイレは掃除をしないとマイナスな気が雪だるま式に増幅してしまう

×ドアにモノを貼る

思い出の写真や予定表などを貼ると、すべてにマイナスな気がついてしまう

×トイレで勉強

トイレで勉強しても、その知識は定着しない。また長居を誘発するのでNG

お風呂
洗面所

お風呂で今すぐできる開運行動①

湯船に浸かることを習慣に

お風呂で長湯するのは立派な開運行動

お風呂はトイレとは違い、長居をしてもよい場所。**湯船にゆっくり浸かってバスタイムを楽しむと、確実に運気はアップします。**

シャワーだけで済ませる人も多いかもしれませんが、湯船に浸かると体に入り込んだ邪気を体外に出せるので、なるべくまめにお湯をためる習慣を持ってください。

その際、お湯はできれば毎日、最低でも2日に一度は換えましょう。

邪気を体外に出すと気がめぐり、体に良い気が入ってきます。このとき、好きな香りの入浴剤を入れると、より良い気を取り込めるようになります。

浄化作用を高めるには塩を入れるのも◎

もし、他人からのやっかみに悩まされていたり、愚痴や悪口を聞かされたりで精神的に疲れたときは、お湯に塩を一掴み入れるのもおすすめです。塩は、盛り塩に使うのと同じ荒塩でOKです。

塩には浄化作用があるので、塩湯に浸かると体の悪い気を放出できます。同時に、ポカポカ温まるので、体調の改善も期待できます。

なお、運気が落ちると口の中にトラブルを抱えやすいものですが、お風呂で歯を磨くことでも口内の浄化ができます。他人への中傷など、悪い言葉を口にしたときは、試してみるのもいいでしょう。

お風呂で毎日厄落とし&リラックス

シャワーだけでは厄は落ちないので、まめに湯船に浸かることが大事。
入浴剤は上げたい運気の香りがするものを選ぶとGood

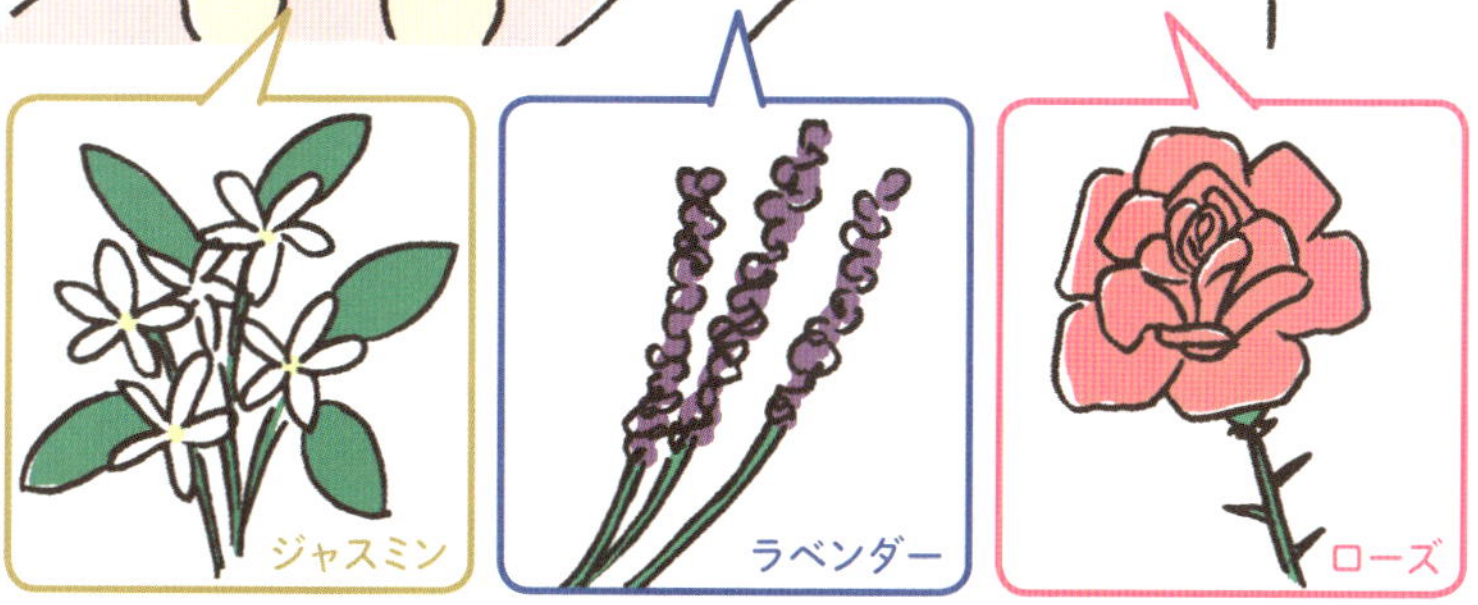

金運入浴剤　仕事運入浴剤　恋愛運入浴剤

○金運ワンポイントMEMO

ついてないなと思ったらバスソルト

最近ついていないなというときは、まずは厄を落とすことを考えましょう。その場合はバスソルトを利用すると◎。塩のミネラルで体が温まり、厄落としのパワーも高まります。もし、家にないというのであれば、荒塩を一掴み入れて入浴するのでもOKです。

お風呂
洗面所

お風呂で今すぐできる開運行動②

お湯の再利用はなるべくやめる

残り湯で洗濯すると服が悪い気を吸う

お風呂では厄を落とすので、使った後のお湯には悪い気が含まれています。

水道代節約のため、残り湯を洗濯に使っている家庭は多いものですが、風水的にはおすすめできません。悪い気の含まれた残り湯で洗濯をすると、せっかくきれいになった洗濯物が悪い気を持ってしまうからです。**残り湯を洗濯に使いたいなら、洗いの段階までならOK。すすぎは必ず真水で行う必要があります。**

このように、残念ながら節約と風水の考え方は一致しないこともままあります。

洗濯以外で残り湯を使いたい場合は、庭の植木の水やりならOKです。

タオルは毎日清潔なものと交換

使った後で悪い気が付くのは、お湯だけでなくタオルも同じです。タオルで体を拭くのは入浴という厄落としの仕上げですが、同じタオルを数日使い続けていると、きちんと厄落としができません。

家族全員、**タオルは毎日清潔な新しいものに取り換えることを習慣にしましょう。**タオルの色は、金運アップなら黄色、愛情運アップならピンク、仕事運アップなら茶色、健康運や集中力を上げたければ緑がおすすめです。

残り湯の再利用は要注意

○ 金運ワンポイントMEMO

脱衣所のマットはラベンダー色のものを

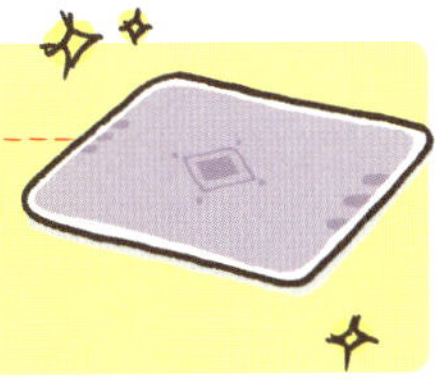

お風呂は厄を落とす場所ですが、湯上がり時に汚れたマットで足を拭き家の中を歩くと、厄を家の中にばらまいて歩いているようなもの。マットも清潔を心がけましょう。また、マットの色はラベンダー色がおすすめ。仕事運、健康運によいラベンダーですが、浄化のパワーもあります。

お風呂
洗面所

洗面所で今すぐできる開運行動
歯磨きで浄化、ブラシ&くしは清潔に

歯磨きをすると口内を浄化できる！

基本的に歯磨きは洗面所で行うようにします。風水では言霊を重視するため、言葉を吐き出す場所である、口の浄化も入念に行うべきと考えます。

口の浄化をするために、歯磨きは非常に大切です。基本的なことですが、歯ブラシはこまめに替えましょう。いつまでも古びて汚れた歯ブラシを使っていると、運気は低下します。なお、歯ブラシは普通のものでも電動歯ブラシでも構いません。

歯磨きは食事の後に行うだけでなく、たとえば**ケンカをしてキツイことを言ってしまった後などに行うと、口を浄化することにつながって、気分もすっきりするため、おすすめです。**

また、歯磨きだけでなく、洗口液を置いてこまめに口をゆすいだり、うがいしたりするのも開運行動と言えます。

ブラシやくしの汚れをこまめに掃除

洗面所は身だしなみを整える場所でもあります。ヘアブラシやくしはあまり買い替えないかもしれませんが、皮脂などが付着して汚れやすいもの。こまめに掃除するか、面倒なのであれば安いものでもいいので頻繁に買い替えて、いつもきれいなものを使うようにすると、美容運がアップします。

洗面所での浄化＆開運行動

●浄化のために歯磨きをする

悪い言霊は、歯みがきで浄化！
あんなこと言わなければよかった…
反省…

食事の後に行うだけでなく、ケンカをしてキツイことを言ってしまった後などに行うと、口を浄化することにつながるのでおすすめ

●くしやブラシの毛を取る

意外と汚れが付きやすいブラシ。こまめな手入れは必ずしておきたいところ。面倒ならば安いもので買い変えながら使うとよい

お風呂
洗面所

お風呂・洗面所掃除のポイント

排水口と鏡の掃除が運気を左右する

排水口にたまった髪の毛は毎日捨てる

お風呂も洗面所も髪の毛が落ちやすい場所。落ちた毛をそのまま放置していたり、排水口が髪の毛だらけで詰まっていたりするのは絶対にNGです。

特に、**排水口の髪の毛には大きなマイナスパワーがあり、排水口だけでなく運気も詰まらせます。**その結果、健康を害する危険性もあるので要注意です。

お風呂に入った後は、最後の人が必ず排水口の髪の毛を毎日捨てることを習慣化しましょう。髪の毛さえためていなければ、排水口を念入りに掃除するのは、週に1回程度で構いません。

鏡に余計なものをつけない使わないものは片づける

お風呂や洗面所には大きな鏡がある場合も多いでしょう。大きな鏡は金運と結び付いており、ピカピカに磨いておくと運気は向上します。ですから、普段からすぐ掃除をする習慣をつけましょう。

飛び跳ねた水滴がそのままこびりついて汚れになっていくので、余裕がある人は毎日、水滴をまめに拭きとるようにするのがおすすめです。

なお、**鏡に吸盤フックなどの余計なものはつけないようにしてください。余計なものは、汚れと同じです。**ないに越したことはありません。

毎日まめに、週イチで念入に！

●入浴後にやっておきたいこと

排水口

排水口にたまった髪の毛は毎日除去

カラン

水アカがつかないようにさっと拭き取る

壁やドア

できるだけ水滴を残さない

毎日、ちょっとずつの心がけが、金運を呼び込むことにつながります。

●掃除のときに気を付けたいこと

ピカピカ

普段から気を付けていてもどうしても汚れがちな鏡。1週間に1回は必ずピカピカになるよう拭いておくとよい

排水口の周りは石鹸かすなどで、カビやぬめりが発生しやすい。こちらも1週間に1回は必ずチェック&掃除をしよう

お風呂
洗面所

お風呂・洗面所で絶対やってはいけないこと
掃除しない……が結局一番ダメ

掃除しないまま放置は×
洗濯機もまめに掃除する

ひと言で言うなら、掃除をしないのが最大のNG行動。**お風呂や洗面所が汚れていたら、全体運が急降下するのは間違いありません。**

床や壁、排水口の掃除、鏡や洗面台の掃除はわかりやすいところですが、見落としやすいのが洗濯機です。洗濯機がお風呂の脱衣場や洗面所に設置してある家は多いでしょう。洗濯機を掃除しないと、洗濯槽にカビが生えるなど、汚れが付きやすくなります。そんな洗濯機で汚れた衣類を洗っても、結局汚れも悪い気も落ちません。

また、**お風呂に使わないシャンプーを並べていたり、洗面所に使わない化粧品を並べていたりするのは、生ゴミを放置しているようなもの。**持ち主の老化を早めるので、こまめに処分します。ドライヤーはコンセントの差しっぱなしに気を付けましょう。集中力の低下につながります。ブラシに残った髪の毛をとることも忘れずに。美容運に悪影響を及ぼします。

洗面所で立ったまま
メイクするのはNG

そのほか、女性の場合、洗面所でメイクすることは避けてください。せっかく念入りにメイクをしても、美容運が低下してしまいます。メイクするなら、座りながら落ち着いてできる場所（寝室のドレッサーの前など）を選びましょう。

こんなお風呂＆洗面所は即アウト

✕使わないものが置いてある

使っていないシャンプーなどはカビが付着しがち。不要なものは即刻処分が鉄則

✕ぬめぬめしている

厄落としの場が不浄な場になっていては、厄はなかなか落ちない。逆に運気を下げてしまう

✕コンセントが差しっぱなし

水のエネルギーが支配する場所に火のエネルギーを持つドライヤーを出しておくのはNG

✕ヘアブラシが汚い

髪の毛が絡んだままのブラシを使うのは、悪い気を頭になでつけているのと同じ

✕洗濯機を掃除していない

洗濯槽は実はカビの温床。定期的に洗濯槽クリーナーなどで汚れを落としておこう

✕ 洗面所がメイクの場に

洗面所は汚れを落とすところ。装うためのメイクはリビングや寝室で!

寝室

寝室で今すぐできる開運行動
枕の位置で運気をコントロール

北枕は安眠、開運を招くベストな位置

寝室では、枕を置く方位を見直すことで、自分の運気の方向性を変化させることが可能です。

最も運気上昇に効果的なのは北枕です。北枕は一般に縁起が悪いとされていますが、風水的には安眠を誘い、気のチャージがスムーズにできる良い状態と考えます。

反対の南枕も、悪いわけではありません。**南枕だとアイデアがひらめきやすく、華やかなイメージを得やすい状態になります。**そのため、クリエイティブな仕事の人には南枕をおすすめします。

ただ、大きな気は通常北から南に流れるため、南枕だと足から気を取り入れる形に。その結果、場の空気を読めない人になりがちでもあります。また、北枕に比べると安眠はしづらいかもしれません。

東枕は発展と上昇、西枕は落ち着いた気を持つ

東枕は、子どもや若者におすすめ。**東は太陽の昇る方角なので、発展と上昇のエネルギーを強く持ち、これから成長していく人達にエネルギーを与えてくれます。**今後やりたいことがまだまだある人には適しているでしょう。

西枕は、落ち着いたエネルギーを持ちます。上昇というよりは、今の位置をキープしたい人、穏やかに生活したい高齢の方などに向いていると言えます。

枕と方位の関係を知ろう

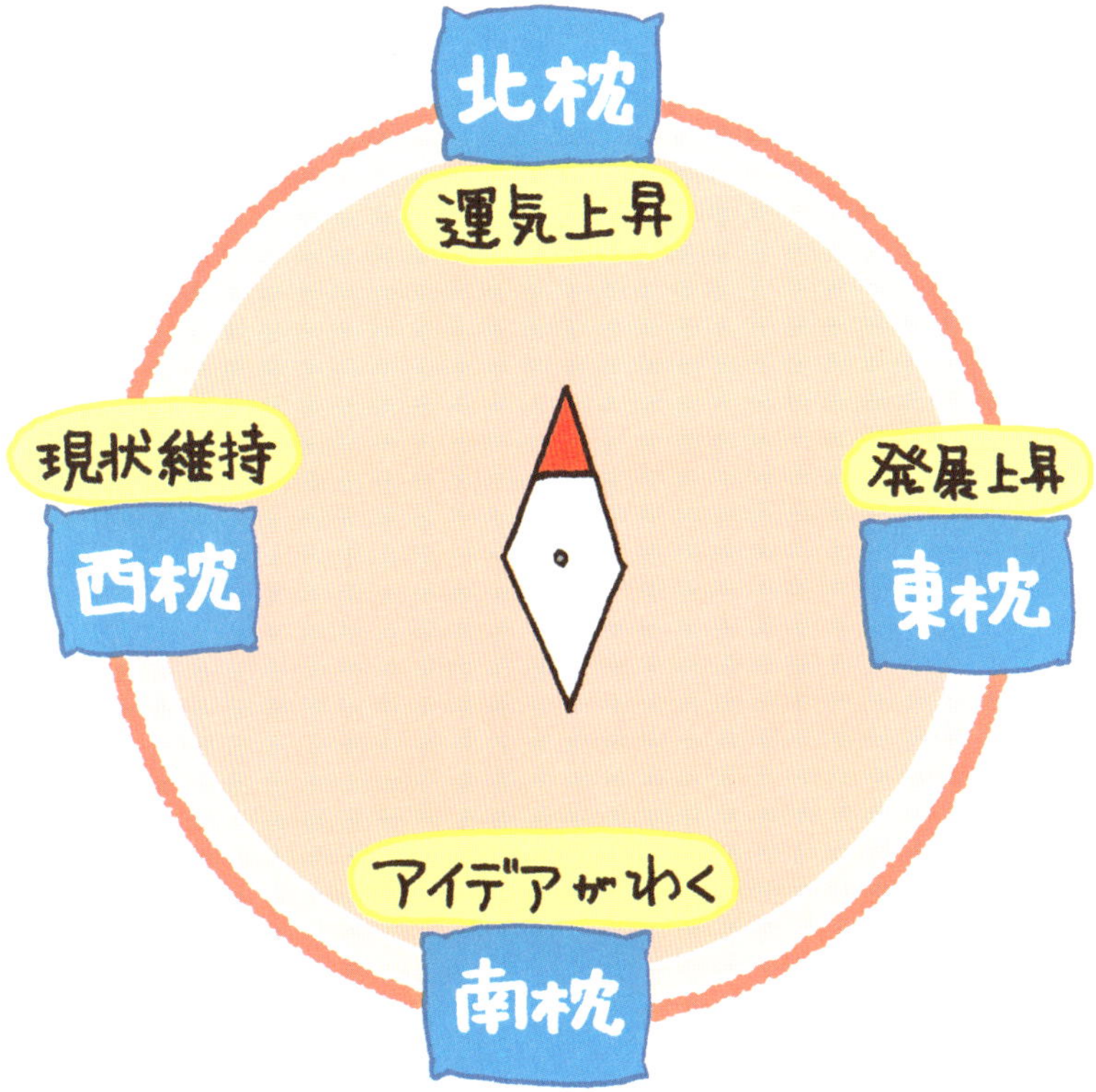

●こんな人が向いている

北枕
誰でもOK
気の流れは北から南へ。安眠でき、気のチャージもスムーズにできる。

東枕
子どもや仕事を頑張りたい人
発展と上昇のエネルギーが強い東は、これからやるぞという人におすすめ。

西枕
高齢の人
東が上昇ならば、西は運気を安定させる方位。穏やかな生活を送りたい人は◎。

南枕
クリエイティブな仕事をする人
才能を引き出し育てる方位。センスやアイデアを問われる仕事の人におすすめ。

寝室

寝室掃除のポイント

寝具も週に一度は洗濯しよう

就寝中の汗が染み込み寝具に悪い気がたまる

私達は寝ている間に気をチャージしますが、同時に**就寝中は大量の汗をかくため、それを吸い込んでいる寝具には、悪い気が付着しがちです。**悪い気を除去するには、洗濯が一番です。布団カバーやタオルケット、シーツ、枕カバーなどは、週に一度くらいのペースで洗うようにしましょう。

気は頭から出入りするので、枕カバーを清潔にすることは特に重要。枕自体も、晴れている日には布団とともに干して、よく天日に当てるのが理想です。

また、寝具に付着した抜け毛はまめに取らないと、運気はダウンしてしまいます。

頭の周りはすっきり片づいた状態で寝よう

本や雑誌を枕元に積んでいる人も多いかもしれませんが、これは片づけましょう。**気の出入りする頭の周辺はすっきりさせておくのが一番です。**寝る前に本を読んだら、面倒でも頭の近くから離したところに置いて寝てください。

なお、ベッドの下に不要品を詰め込むのはNG。きちんと整頓し、不要な物は置かないようにしましょう。また、貴重品を入れる場所としても不向きです。入れていいのは衣類やタオル、替えの寝具など日用品のみ。そのほかのものが入っているときは片づけましょう。

押さえておきたい寝室掃除&片づけのポイント

睡眠中、気の出入りを妨げないためにも、本などが置けるサイドテーブルやチェストは用意したいところ!
BOOK

その1

布団カバー、タオルケット、シーツは週に一度を目途に洗濯する

その2

枕カバーも洗濯は欠かさずしよう。毎日の抜け毛の除去も忘れずに

その3

ベッドの下に収納するのは衣類やシーツなど。貴重品はもちろん、不要な物も入れないようにする

寝室

寝室で絶対やってはいけないこと
鏡やぬいぐるみは置く場所に注意

鏡に寝姿が映るとチャージ不十分に

自分の寝ている姿が映る位置に鏡を置いていると、寝ている間に運気を吸い取られてしまいます。**鏡は寝姿が映らない場所に移動したほうがいいでしょう。**

部屋の構造上、どうしても映ってしまう場合、せめて上半身だけでも映らないように工夫をしてください。あるいは、使わないときには鏡にカバーをかけるようにしてもOKです。

鏡と同様、近くにあると運気を吸い取りやすいのがぬいぐるみです。お気に入りを一つ置く程度なら問題ありませんが、いくつものぬいぐるみをベッドに並べていると、知らず知らずのうちに気のチャージが不十分となり、運気も低迷してしまうでしょう。

夜の外気には悪い気も多く含まれる

夏場など、寝るときに窓を開けている人は、閉めて眠るようにしましょう。**夜の外気には陰の気が多く含まれるため、窓を開けて眠ると悪い気を招き入れることになってしまいます。**

また、ベッドの下に貴重品を置くのはNG。**大事なものを下に敷いて寝ていることになり、金運低下につながるので避けてください。**

朝、ベッドメイキングせずに外出するのも、仕事運低下につながるのでやめましょう。

こんな寝室は即アウト

×鏡に寝姿が移り込んでいる

鏡は悪い気を跳ね返す反面、睡眠中に蓄えた気までも飛ばしてしまう恐れがある

×ぬいぐるみに囲まれて寝る

気を吸い取りやすいぬいぐるみを枕元にズラリと置くと気のチャージがうまく行かない

×窓を開けて寝ている

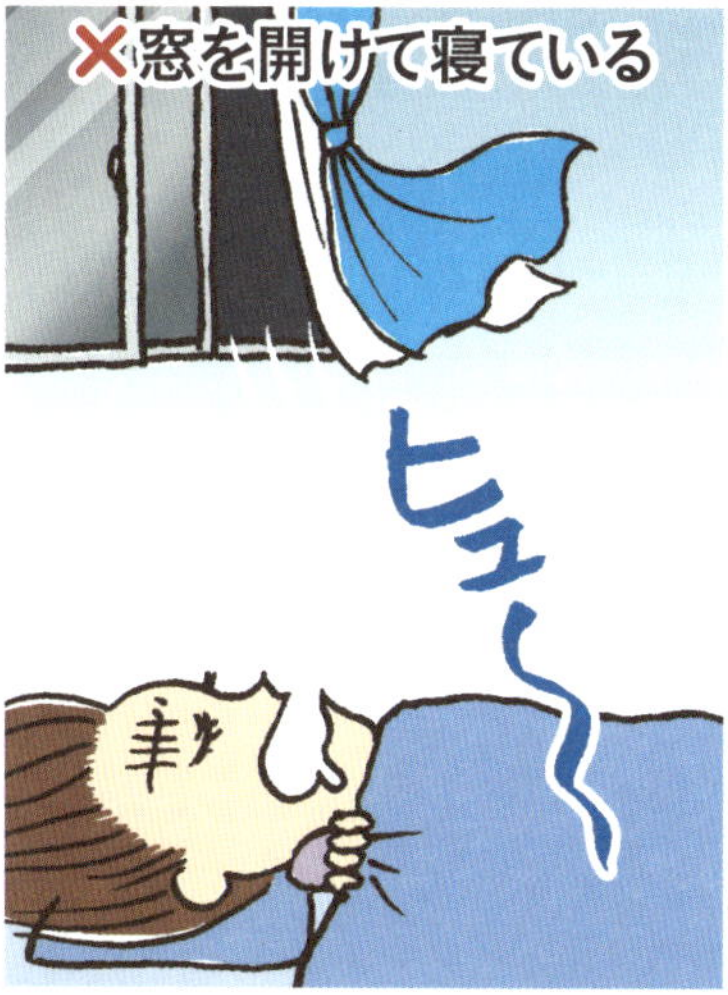

夜は陰の気が発生しやすい時間帯なので開けっ放しで寝るのはおすすめできない

×ベッドの下に貴重品

高価なものや財産性の高いものは暗いところに置くのはOKだが、ベッドの下はNG

子ども部屋

子ども部屋掃除のポイント

片づけは子どもの運気を強くする

子ども自身に片づけをさせよう

子ども部屋におもちゃなどが散乱していると、気が乱れて集中力のない子どもになりがち。集中力をつけたいなら、またすぐに出すとしても、遊んだ後は必ずおもちゃ箱にしまう習慣を子ども自身につけさせましょう。

親が片づけや掃除をしている家庭も多いかもしれませんが、ある程度大きくなったら、子ども自身にさせることが重要。子どもがまだ小さいうちでも、親が手伝うのは掃除機をかける程度にとどめ、片づけはなるべく自分でやらせてください。

自分で整理整頓をする習慣がつけば、運気も強く育っていきます。

過去の栄光の品々はピカピカに磨くべし

掃除をするときに注意したいのは、やはりホコリです。特に、部屋にトロフィーや額縁に入れた賞状などを飾っている場合は、それらがホコリにまみれて薄汚れると、運気がダウン。過去の栄光を乗り越えられず、才能が頭打ちになってしまいがちです。

子どもの才能を伸ばすためには、いつもピカピカにしておかなくてはなりません。 とはいえ、トロフィーや額縁はホコリがつきやすいもの。こまめに掃除する自信がないなら、むしろ飾らずにしまっておいたほうがいいでしょう。

掃除で運気と才能を育てよう

●子どもと一緒に掃除する

親がすべてやるのではなく子どもにも手伝わせる。整理整頓をする習慣がつけば運気も強く育つ

●出すなら常にピカピカに

トロフィーなどは磨いておくと、前向きな気を運んでくれ、さらに上を目指すことができる

子ども部屋

子ども部屋で絶対やってはいけないこと
暗い部屋は子どもの運気を下げる

モノトーンよりもカラフルな部屋にする

子ども部屋をモノトーンやダークカラーでまとめるのはNG。子どもが大きくなっても幼稚なインテリアにしておくのは避けたいところですが、色合いはなるべく温かい雰囲気のものを選びましょう。たとえば、青でも深い色合いよりは、ライトブルーがおすすめ。そのほうが、子どもの運気も明るいものとなります。原色が多く、賑やかな色彩は個性が豊かで強運な子を育みますが、反面で集中力を低下させます。

基本は淡い色をベースとし、ポイント使いで鮮やかな色の布や小物類を置くと◎です。

子どもが部屋にテレビやゲームを置きたがるかもしれませんが、これはNG。テレビやゲームはコミュニケーションの場であるリビングに置くべきもの。子ども部屋に置くと運気が停滞します。

教科書やノートはいったん出そう

学校に持っていくカバンに教科書やノートを入れっぱなしにしていると、勉強運がダウン。いったんすべて出し、所定の場所に収納する習慣をつけさせましょう。

なお本棚は、目の高さには今現在使っている教科書を。目の高さより上には図鑑を。目の高さより下には絵本やマンガなどを入れると、運気が上昇します。

こんな子ども部屋は即アウト

×家具がモノトーン

黒は停止、白はリセットのパワーを持つ。その2つが混在していると運気の浮き沈みが激しくなる

×目の高さにマンガ

本棚は目の高さに何を入れるかに注意。マンガなどは読まなくても遊びの気を誘発してしまいやすい

×テレビやゲームがある

子ども部屋にテレビやゲームを置くとコミュニケーションが取れない子になり、運気を停滞させる。置くならばリビングに！

×勉強道具を入れたまま

何事も入れっぱなしで整理しないのは運気ダウンにつながるので、整理する習慣をつけさせるようにしよう

収納

クローゼットが汚いと金運が乱れる

クローゼットは大きな財産庫

主に洋服を収納するクローゼットは、家の中で最も大きな収納庫かもしれません。

風水では「収納庫＝財産庫」と位置付けます。すなわち、クローゼット内のハンカチ一枚でさえ、財産と考えるのです。

クローゼットのような大きな収納は財産が詰まっている、金運にとって重要な場所です。にもかかわらず、内部がゴチャゴチャしていると、金運自体も乱れがちになります。それなりにお金は入ってきても、出て行くお金はそれ以上に多い――というような状況に陥りがちです。

クローゼットで理想的なのは、言うまでもなく整理整頓が行き届いている状態です。**いくら片づいていても、中身がギュウギュウに詰まっていると、新たな金運を招いてくれなくなるのでNG。**満杯の7～8割程度を上限に、ゆとりを持たせて収納してください。

足元にブランド品を置くと金運が下がる

服の種類を分類することも大切です。アイテムごとに分けるのはもちろんですが、着る頻度も考慮して配置を考えましょう。

高級だったりお気に入りだったりするバッグ、帽子は、頭より高い位置に収納してください。下に置くと、金運がダウンします。

金運クローゼットはコレを目指そう！

バッグ類
高級品や大切なバッグは下に置かず、上の棚に収納するのがよい
衣類
クローゼットがギュウギュウにならないよう、季節のものだけ出すとよい
除湿
収納BOX
季節ごとなど、整理をして収納すること。乱雑な収納は金運を下げるだけ
除湿剤
カビは悪い気を発生させるので除湿剤はマスト。こまめにチェックをする

○金運ワンポイントMEMO

ネクタイとベルトの収納で仕事運UP

ネクタイやベルトなどの長いものの収納は吊すか、丸めて小さくするかの2種類に分かれます。ただ、風水的に吉とする収納はそれぞれ違います。首に巻くネクタイは吊して収納が吉。腰に巻くベルトは丸めて収納が吉。そうすることで仕事運がアップします。

収納

クローゼット内のものの捨て方とお手入れ方法

古い服からは不要の気が発生

風水では整理整頓を重視しますが、いわゆる「断捨離」とは異なり、持ち物を減らすことを推奨しているわけではありません。

とはいえ、結果的に**持ち物が多すぎると運気が滞りやすくなるのは事実なので、ものは定期的に捨てるべき**でしょう。

不要品から発せられる〝不要の気〟は運気を大きく低下させるため、いるものといらないものの選別をすることが大切です。

衣類に関しては、礼服や思い出の品を除き、3年以上着ていないものは処分しましょう。着なくても取っておきたいものは、ホコリやカビの付着などに要注意。たまに陰干しなどをして、風に当てるようにしてください。

また、**直接肌に触れる下着は、運気を大きく左右するアイテム**。下着がボロボロだと運気が大幅にダウンしがちです。高級品を身に着ける必要はないので、くたびれてきたらまめに新調することを心がけましょう。

クローゼットは湿気がこもり、カビが発生しやすい場所でもあります。そのため、除湿剤を置くなどのケアも必要。除湿剤を置いたものの、そのまま放置して交換時期を見逃す例は少なくありません。忘れずチェックしましょう。また、炭を置くのも効果的です。

クローゼット内の整理法はコレ！

●何年着ている？

衣類は整理しないとどんどん増えていくばかり。整理の目途は3年です。3年経って着ていないものは率先して整理するようにしましょう。

●どうしても取っておきたいものは？

思い入れがある、気に入っているなどでどうしても取っておきたい衣類は、陰干しをするなどで、カビやホコリ対策を忘れずにしましょう。

●下着はどうする？

下着類は、くたびれてしまう前に交換しましょう。直接肌に触れるものをきれいにしておくことで、運気はおのずとアップします。

収納

お金まわりの最強収納方法は北と西がポイント！

動かさない財産は北、よく使う財布は西へ

現金や通帳、金庫、宝石といった財産をどこに収納するかは、大きな悩みどころです。

方位で言うなら、北と西が金運アップに関係しています。

北に当たる場所には、普段あまり使うことのない財産関連のもの（通帳や家の権利書、へそくり、実印など）を置くと、貯蓄運がアップするのでおすすめです。

さらに、**西に当たる場所には、普段よく使う財産関連のもの**（財布、認め印など）を置くと、お金の回りがよくなっていく運気がもたらされます。

目線より低い場所に隠すつもりで収納

大切なものだと、目線より高いところに置いたほうがよさそうなものですが、**財産は基本的に隠しておくもの。そのため、目線より低い位置にある暗い静かな空間に置くのが得策です。**

目線より低い暗い場所といっても、ベッドの下や床下収納はNG。毎日財産を踏みつけることになるため、金運が伸び悩んでしまいます。そのため、上に人が乗る恐れのない、チェストの下段などに収納すべきです。

まれに、冷蔵庫内に現金を隠す人もいます。基本的に冷蔵庫には食材以外のものを入れるべきではないので、おすすめはできません。

知っておきたいお金周りの収納法

●おすすめな場所

北　日常的に使わない財産

家の権利書
実印
定期預金の通帳
へそくり　など

北は貯蓄運がアップする方位。日常的に使わない財産は北の暗い場所にじっとさせておくように保管する。

西　日常的に使う財産

財布
普通預金の通帳
認め印　など

西は実りをもたらす金運アップに最も適している方位。ここには日常的に動く財産を保管するとよい。

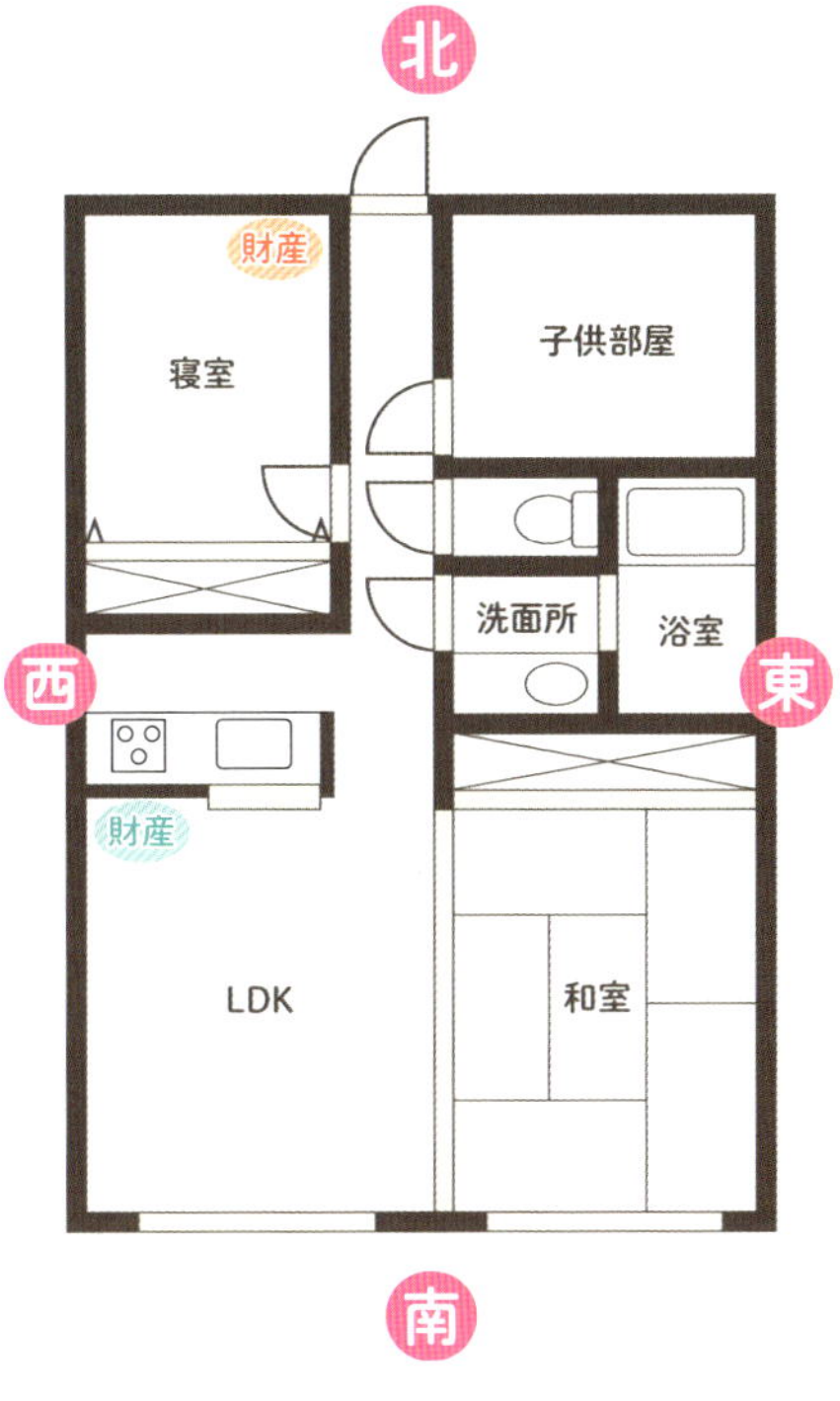

●お金周りの収納でNGな場所

踏みつけNG

上に寝るNG

冷やすNG

収納

冷蔵庫内はパンパンよりも余裕が大事

パンパンに詰めると金運がダウン

冷蔵庫も食材をためておく収納庫。すなわち財産庫です。クローゼットと同じく、**内部に食材をギュウギュウに詰めこみすぎていると、金運ダウンにつながります**。

日頃から、安売りのときなどを狙い、冷蔵庫に入りきらないほど食材を買いだめしていると、他人から強欲な人と誤解されがち。よって、多少は多めでもいいですが、できれば適量だけ買うことを習慣づけたいところです。

冷蔵庫がパンパンなくらいなら、ほとんどものが入っていないほうがましです。ただ、その場合であっても、賞味期限切れの食品や調味料ばかりだと、運気——特に健康運と美容運がダウンしてしまいます。賞味期限切れの食品は、すでに役割を終えたもの。つまり、ゴミに等しいので、放置すると悪い気を放出し続けます。ですから早めに処分してください。

庫内の掃除をすれば愛情運にもいい影響が

賞味期限の切れた食品がほとんどなく、中身が整理されていても、野菜に付着した泥やゴミがこぼれていたり、液だれなどで汚れていたりする冷蔵庫だと、金運が上がりません。

庫内を掃除し、整理整頓すると、愛情運などもアップして運気が活気づくので挑戦してみてください。

冷蔵庫はいつもすっきりと

●見落としがちな野菜室もチェック

野菜室で意外と見落としがちなのが、野菜に付着した泥や葉の切れ端などの小さなゴミ。定期的にチェックして、それらを除去するようにしましょう。そうすることで食から一層良いエネルギーを得ることができるようになります。

収納

食器棚は普段使いとお客さま用で仕分け

洗ったら必ず食器棚に収納しよう

食器は金運と縁が深いもの。その置き場所である**食器棚を清潔に保ち、整頓して収納すると、金運アップにつながります。**基本的なことですが、食器は使ったら洗ってすぐに食器棚にしまうことが大前提。万一、食洗機などの中から使う食器を取り出すのが習慣化しているなら、ぜひ改めましょう。

食器棚の収納で重要なのは、まず〝お客さま用の高級な食器〟と〝普段使い用〟で分類することです。お客さま用は、食器棚の一番上段に収納しましょう。

普段使い用の食器は、種類ごとに分けてください。ガラス用品、陶器、木製の器などに分類し、まとめて並べます。

食器の整理をしているときに欠けているものが見つかったら、金運ダウンの元凶なので、基本は処分してください。

食器を上に向けてしまうと良い気を取り込める

食器は下に向けて収納する人も多いかもしれませんが、上向きに置いたほうが食器に良い気が入り、運気が上昇します。ただ、扉のない食器棚の場合は、ホコリを避けるために下向きにしたほうが得策です。スプーンなどのカトラリー類も食器と同じく分類し、混じり合わないようにケースなどで仕分けするのがおすすめです。

食器とカトラリーの金運収納法

●食器の収納法

高級食器
&
お客さま用食器
普段使いの
食器

高級なものは上に、後は種類ごとに分けて整理する

●カトラリーの収納法

小分けのケースなどでしきるとGood

種類ごとはマスト。特に金属モノと木製モノは分ける

盛り塩の効果と使用上の注意点を知る

精製塩ではなく天然の塩を使う

盛り塩は厄除けの最強アイテム。日本では古来より、お清めに使われています。塩は精製塩ではなく、荒塩などの天然の塩を用います。たっぷり一掴み取って、白い小皿かおちょこに小山を作るように中央を高くして盛ります。盛るときは素手で、塩に命を吹き込むようにして行います。皿はプラスチックはNG。陶器を使ってください。

盛り塩はどの部屋に置いてもいいですが、トイレのような凶相の場所に置くと、凶作用を抑えられるのでおすすめです。良い気も入りますが、悪い気もやってきやすい玄関にも、なるべく置いておくといいでしょう。玄関は中に置いても外に置いてもOK。子どもやペットがいる家庭は、高めの場所に置くほうがいいかもしれません。蹴飛ばさないよう邪魔にならない場所を選びます。

盛り塩を作る人は、一家の主人が一番。子どもはNGです。夜ではなく、午前中の太陽の出ているときに行ってください。

盛り塩は神聖なものなので、塩は専用のものを用意し、神棚に置いておきましょう。塩は毎日交換が理想ですが、難しければ3日に一度、最低でも週に一度は交換を。役目を終えたものはトイレや排水口に流したり、玄関の外にまいたりして処分してください。

盛り塩の作り方と置き場所

●盛り塩の作り方

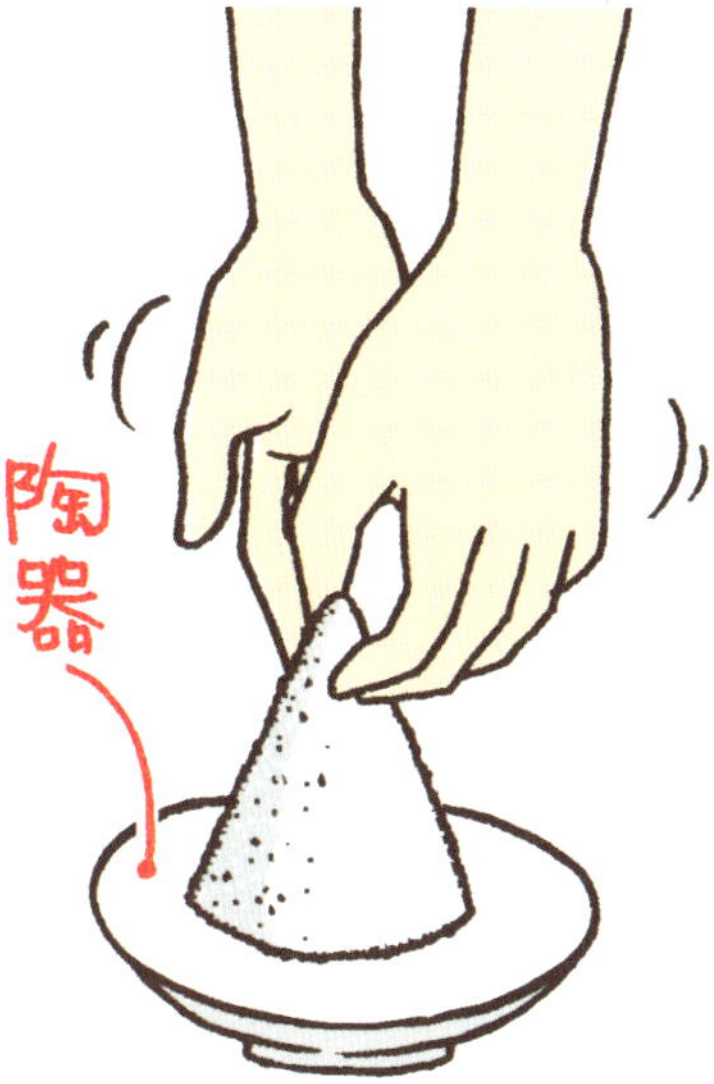

塩は精製塩でなく天然の粗塩がよい。目安は10グラムほどで三角の山ができるように形を整える。

ここに気を付けよう

置きっぱなしでカチカチ&ホコリだらけはNG。交換時期は最低でも1週間が目途。ついていないなと感じたら3日に1回交換するとよい。

●盛り塩を置くとよい場所

神　棚……神棚がある家は必ず置く(置き方は135ページ参照)。3日に1回は交換するようにしよう。

玄　関……厄をブロックするのに玄関の盛り塩は基本。置き場所は入り口でも下駄箱の上でもよい。

キッチン……火と水のエネルギーを持つキッチンは気が乱れやすいので盛り塩を置くのがおすすめ。置き場所はどこでもOK。

トイレ……家の中で一番悪い気が発生しやすいトイレは必ず置きたいところ。タンクの下などに置くとよい。

お札・神棚は家の中心から見て北か西に置く

管理が疎かになるなら神棚なしでお札だけ置く

神棚を置く場所は、明るく清潔な場所を選びます。当然ながらトイレやお風呂などに置くのはＮＧ（水回り専用のお札は除く）。階段の下などは神様を踏みつけることになるので厳禁です。方角は家の中心から見て北か西で、目線より高い位置に置きます。

神棚のしつらえにはルールがありますが、簡略化してお札だけ置いても構いません。しっかり神棚を作ったらお榊やお米、水、塩などをお祀りし、毎日手をかける必要があります。中途半端にしかできないならお札だけにしましょう。

なお、もしきちんと神棚を作る場合、水などの交換は朝やること。夜は控えましょう。

お札は神様の分身のようなものですが、効果は永続しないので、年１回交換を。古いお札はお焚き上げしていただきます。お札をホコリだらけで放置すると、運気は下がります。

お札は、正面から右に氏神様、中央に天照大神様、左に別の好きな（崇敬する）神様のお札を並べるのが基本。スペースがなければ、前から天照大神様、氏神様、崇敬する神様の順に重ねても大丈夫です。破魔矢や熊手も、ものによっては神棚に飾れます（神社によっては神棚以外で飾るものを取り扱うところもあるので確認を）。

押さえておきたい神棚のポイント

●神棚を置く場所

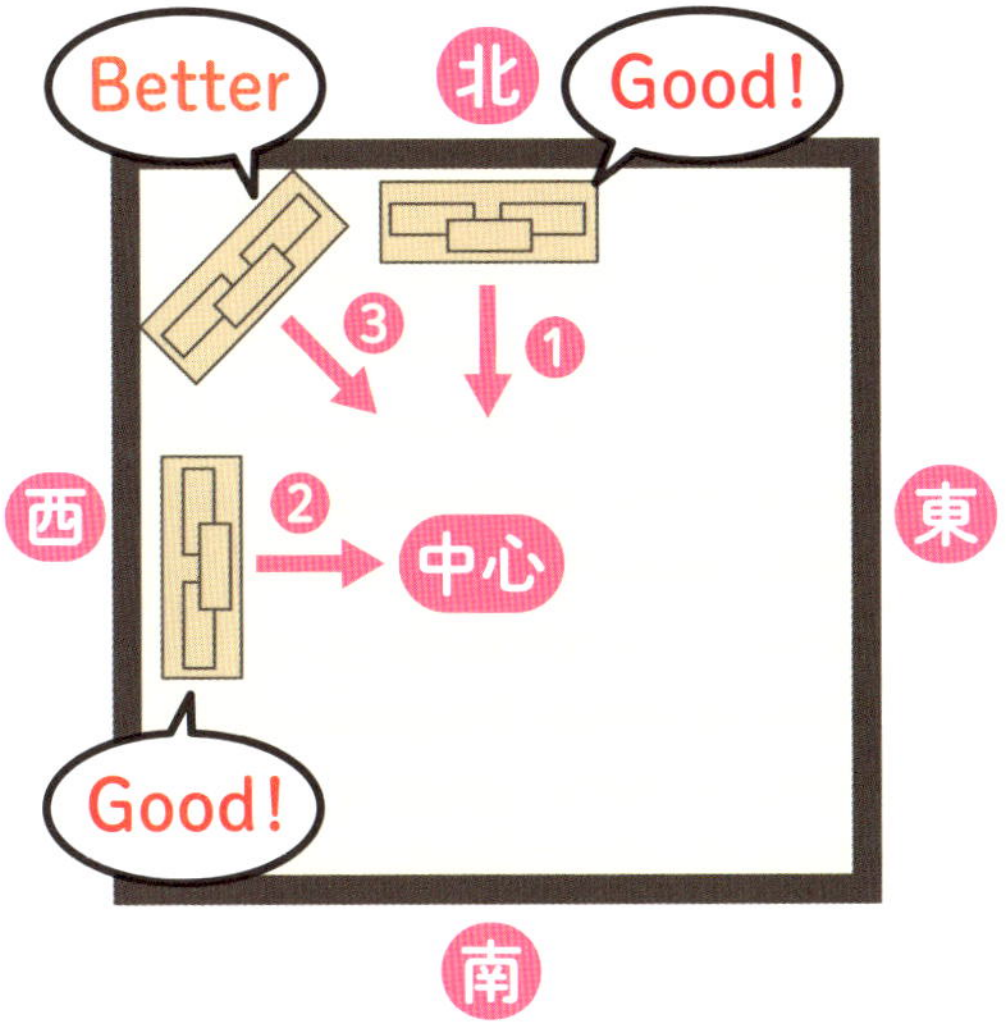

Good
①北側に置く
神棚が南を向くように

Good
②西側に置く
神棚が東を向くように

Better
③北西側に置く
神棚が南東を向くように

●神棚の祀り方

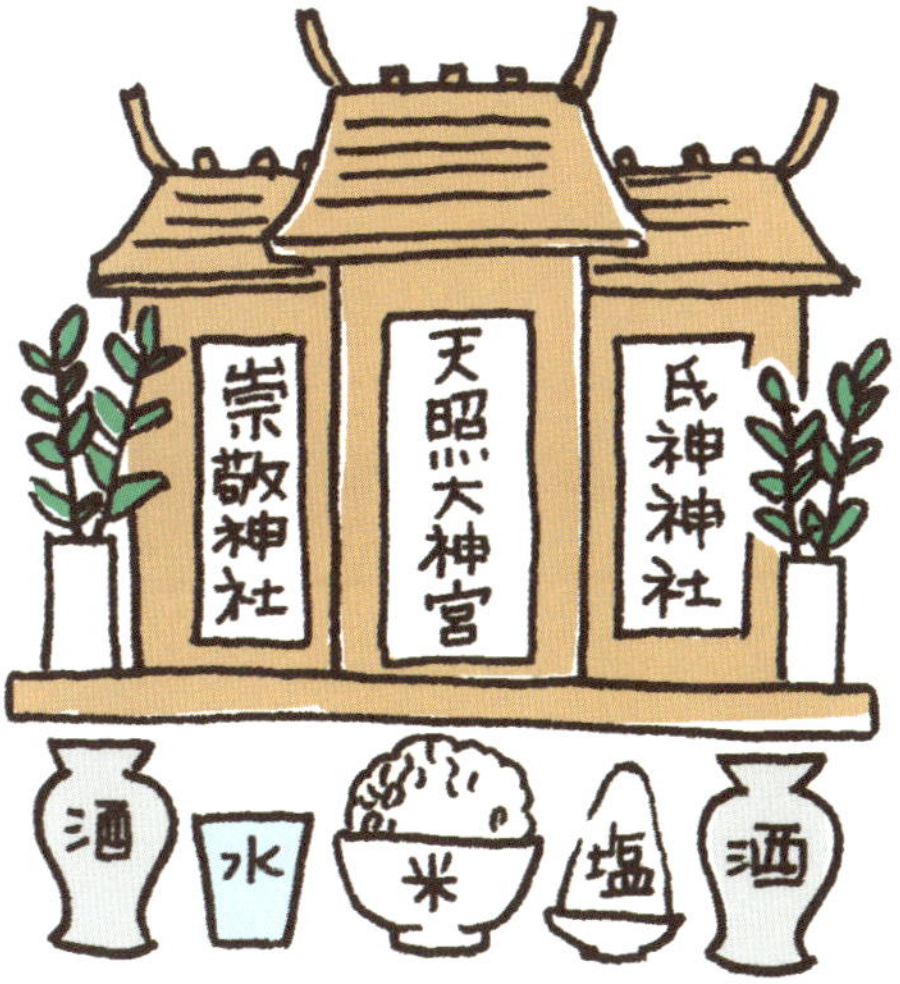

水やお米は毎日換える。盛り塩は3日に1回が目途。

お札の祀り方

横に並べる場合

- 真ん中→天照大神宮のお札
- 右側→氏神神社のお札
- 左側→崇敬神社のお札

重ねる場合

- 一番上…天照大神宮のお札
- 真ん中…氏神神社のお札
- 一番下…崇敬神社のお札

※崇敬神社は個人の特別な信仰等により崇敬される神社。

神様にお願いするときの約束事

自分の名前や住所を丁寧に名乗るべし！

神様で最も大切にすべきは、近所の神社の氏神様。他の神様を拝んでも、氏神様を顧みない人の願いは叶えられません。お祈りするときにはルールがあります。まず、心の中で住所と氏名を呟きます。そして、お願いは具体的に。単に「金運上昇」ではなく「給料のベースアップをお願いします」といった具合です。お願いしたら「その代わりにムダ遣いは控えます」などと自分も努力する旨を伝えると、願いは叶いやすくなるので挑戦してみてください。

Part
3

さらに金運を良くしたい人の家探し風水

もっと、もっと金運を上げたい。
そんな人は住む場所と家を変えることを
考えてみるのも一つの手。
土地選びから、戸建て&マンション選びまで、
金運によい家探しのポイントを紹介します。

戸建て

土地の見分け方①
「龍脈」が走る土地とは？

皇居は風水上では最強の場所にある！

風水では、家相以上に〝地相〟を重視します。**大地が発する良い気のエネルギーを受けられる土地を選ぶことが、開運につながる**と考えられているからです。

大地を走る、良い気の通り道を「龍脈」と呼びますが、家を建てる場所としてベストなのは、その龍脈が走っている土地です。龍脈が走っている土地に立つ建物として最も有名なのは、皇居です。

ただ、龍脈の流れは複雑なので、風水の専門知識がない人が、自分で龍脈の走る土地を見つけるのは困難でしょう。

人が集まる場所に龍脈は走っている

そこで、ここからは龍脈が走っている土地によくある共通点を挙げていきます。

条件を満たす土地に必ず龍脈が走っているとは言えませんが、可能性は高くなります。

まずは、利用者の多い大きな駅の近辺などの、賑やかな場所。ショッピングモールや商店街などがあって、多くの人で賑わう栄えた場所には、龍脈が走っていることがよくあります。

また、多くの人が住みたいと願う高級住宅地も、龍脈が走っている可能性が高いです。なかには地価はある程度、地相と比例しているという説もあります。

金運が良い龍脈の走る土地の探し方

龍　脈　土地に走る幸運の道。龍脈が走る土地は良い気が湧き出るポイントとなる

龍脈の走る土地を探すヒント

人が集まる土地＝価値のある土地に注目するとGood

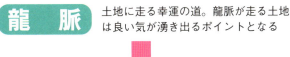

戸建て

土地の見分け方②

土地の形は四角形がベスト

三角形の土地は運気が悪いので避ける

家を建てるなら、土地の形は正方形や長方形がベスト。住む人に安定感をもたらすとされているからです。

特に、**日当たりを遮るもののない東南の角地や、南側が開けている土地がおすすめ**です。

とはいえ、都心の住宅密集地などでは、変形地も多いものです。

変形地は四角い土地より運気はダウン。特に三角形の土地は凶相と位置付けられるので、ご注意を。

三角形の土地を所有している場合は、角のところにスペースを空けて塀を作り、土地を四角い形にして家を建てるのがおすすめです。

四角形に近くても「張り」（出っ張った部分。張りがある土地とは、いわゆる旗竿地など）や「欠け」（へこんだ部分）がある土地もよくあります。このうち、**「欠け」がある土地のほうは凶相です。**

周囲の環境も考慮して選ぼう

たとえ真四角の土地であっても、周囲の環境によっては凶相になります。

たとえば、周囲よりも低い土地や湿地帯などは悪い気がたまりやすくなります。

また、神社やお寺、墓地などに近い土地は、霊気や殺気が強いので、居住するにはあまり適していません。

土地の欠けには要注意

●金運が悪い土地の欠け

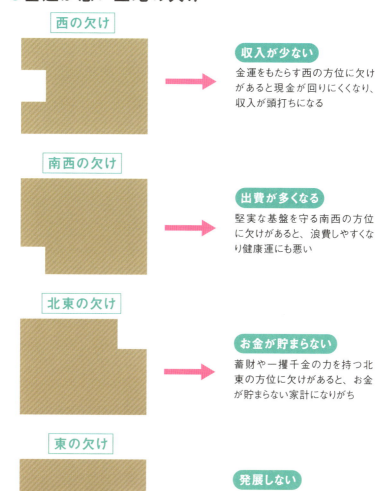

西の欠け

収入が少ない

金運をもたらす西の方位に欠けがあると現金が回りにくくなり、収入が頭打ちになる

南西の欠け

出費が多くなる

堅実な基盤を守る南西の方位に欠けがあると、浪費しやすくなり健康運にも悪い

北東の欠け

お金が貯まらない

蓄財や一攫千金の力を持つ北東の方位に欠けがあると、お金が貯まらない家計になりがち

東の欠け

発展しない

太陽が昇る方位で発展の力を持つ東に欠けがあると仕事や家庭が発展しづらい

戸建て

土地の見分け方③ 道路と門・玄関の位置

交通事故が起こりやすい土地＝「凶相」

道路と土地の関係にも、吉と凶があります。まず、**吉とされるのは、L字型の道路の内側や、カーブした道路の内側の土地**です。

風水では、事故の起こりやすそうな土地を凶相としますが、今挙げた土地は事故が起こりにくく、安全面で優れています。金運にも恵まれやすいので、これから土地を探す人は意識してください。

逆に避けたいのは、前述のように事故の心配がある土地。たとえば、カーブした道路の外側に建つ家だと、曲がりきれなかった車が突っ込んでくるリスクが。T字路の突き当たりも同様です。

こうした土地は、健康運がダウンしたり、トラブルに巻き込まれやすくなる運気を持ちます。すでに条件にあてはまる土地に住んでいる場合、盛り塩などの力を借り、より入念に対策するべきでしょう。

門と玄関の位置が一直線だとNG

道路に面する門の位置も重要。理想は東南に作ることです。鬼門・裏鬼門である北東と南西は避けましょう。

なお、**門と玄関が一直線だと風水上NGです**。門からすぐ玄関が見えないような状態が望ましいので、一直線の場合は玄関前にフェンスなどを設けるようにしてください。

道路と土地の関係を知ろう

●金運に良い土地

L字道路の内側

カーブした道路の内側

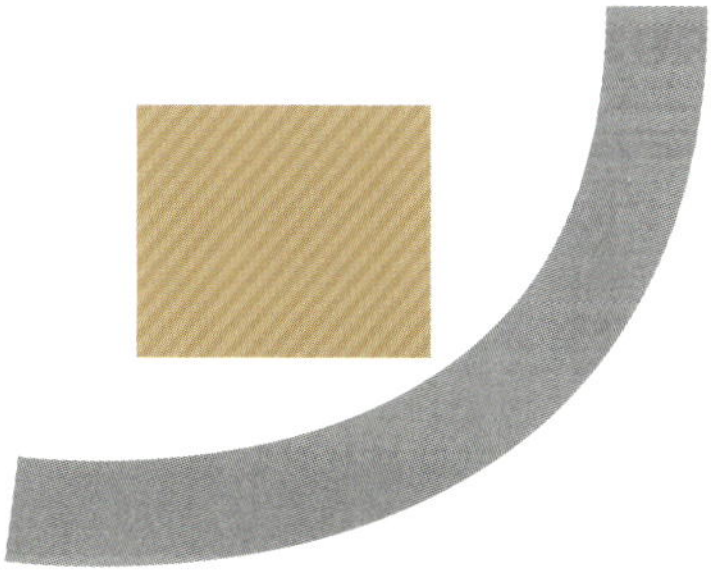

道路を通る悪い気の流れを直接受けにくく、蓄財には比較的向いている土地。また、東南の角地であれば太陽のパワーも取り入れやすくなお Good

●金運に悪い土地

T字路の突き当り

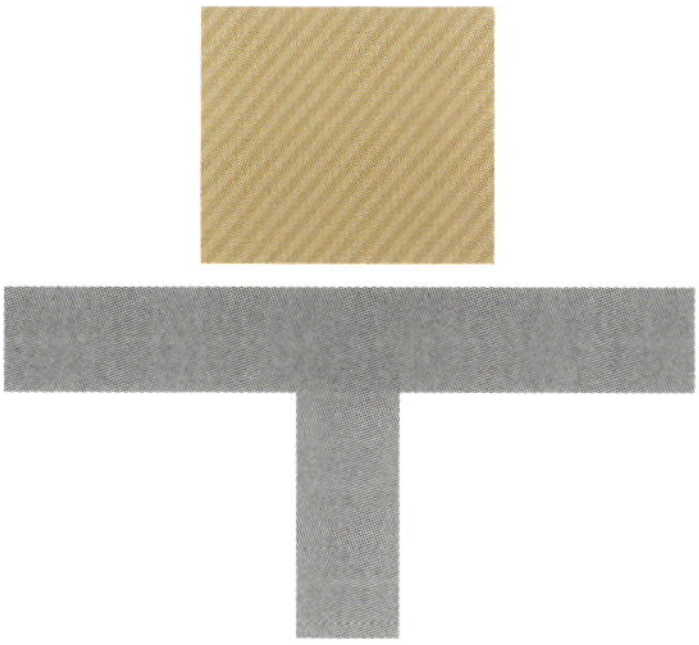

悪い気がストレートにぶつかってしまう。玄関の正面にまっすぐ道路が伸びているのは ×

カーブした道路の外側

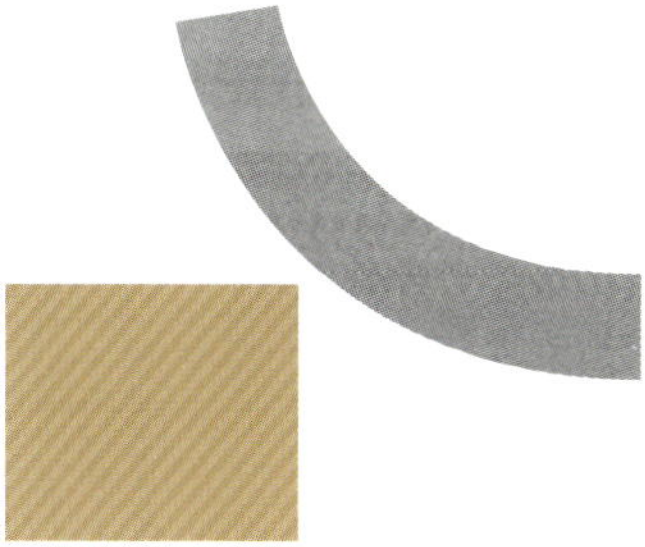

良い気も悪い気も一緒に入ってきやすく、運気が不安定になりがち。トラブルにも見舞われやすい

戸建て

運気をアップさせる屋根の形と窓・ベランダの位置

シンプルな屋根が一番 片流れ・陸屋根は×

風水では屋根の形状も運気に関わると考えます。基本的には、**複雑な形状をしている屋根よりも、なるべくシンプルな、昔ながらの形がベストです。**

代表例は、左右の屋根の長さや面積が同じで、三角形に見える切妻屋根。一般的な木造住宅でよく見られる形です。

切妻屋根以外では、四方に傾斜がある寄棟屋根、あるいは寄棟屋根の変形パターンである入母屋屋根も、運気を上向かせる形状と言えます。

逆に、運気をダウンさせやすい形状は、屋根の面が一方に傾斜している片流れ屋根。住む人の思想が偏りがちになるとされています。特に、北に向かって流れる屋根が、最も凶相です。

水はけが悪くなりがちな、ほとんど傾斜ゼロの陸屋根も、トラブルが頻発しやすい運気を招くため、おすすめできません。

窓を作る方角で入る運気が変わる!

窓は、東や東南、南向きのものを大きくすると、運気が上昇するでしょう。**北東と南西は悪い気が入りやすいので、窓を作らないか、小さくするようにしてください。**

ベランダも、東、東南、南向きの窓の外に設置するのが理想だと言えます。

家の屋根と運気の関係を知ろう

切妻屋根

一般的な屋根だが、左右対称で風水的にはバランスが取れた理想の屋根でもある

寄棟屋根

こちらも左右対称で風水的にバランスが取れた屋根で◎。入母屋屋根もこちらと同じ

片流れ屋根

気の流れを偏らせやすい。特に北側に傾斜している屋根は気を取り込みにくい

陸屋根

左右対称であるが、運気が頭打ちになりやすい屋根なのでできれば避けたい

戸建て

天井は高いほうが運気アップ！ベストな階段・廊下の位置とは？

低い天井の家だと住人の健康運が低下

古い家だと天井が低い場合がありますが、極端に天井が低いのは×。圧迫感があるため、無意識的にストレスを抱えることになり、健康運などがダウンします。

かといって、1階から2階まで、家の中央に吹き抜けを作れば、開放的になるからOKかと思いきや、これもおすすめとは言えません。**家の中央に吹き抜けがあると気が流れてしまい、その家の主人の運気がダウン。特に、仕事運などが低下してしまいます。**

家の中央ではなくても、吹き抜けがあると玄関から入ってきた気が抜けやすくなります。

階段と廊下は気を運ぶ〝道〟

階段も吹き抜けと同じようなものです。そのため、**玄関を入ってすぐ目の前が階段だと、入ってきた気はやはり上に上がってしまいます。すると、下の部屋は気のめぐりが悪くなり、悪い気もたまりやすくなります。**

気を運ぶ〝道〟のような役割を果たすという意味で、階段と似ているのが廊下です。廊下は、真ん中を通って家を分断するような場所にあるとNG。

また、一つの部屋を囲うような形で廊下があるのも、その部屋の住人の運気を著しく低下させるので、要注意です。

気の流れと家の造りに注意しよう

●吹き抜け

良い気が上へ抜けやすくなってしまうので注意

●玄関の階段

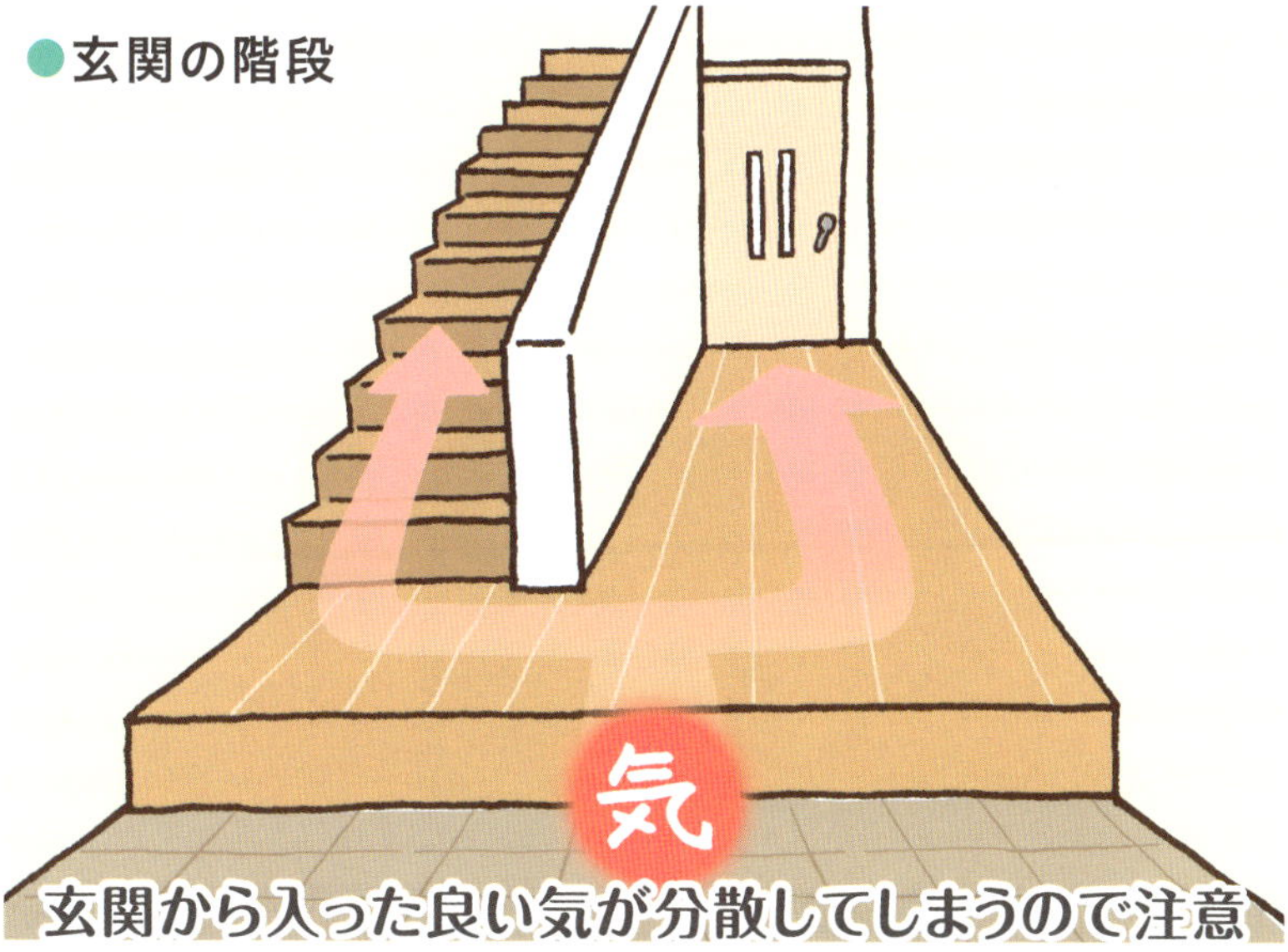

玄関から入った良い気が分散してしまうので注意

戸建て

一戸建ての落とし穴。車庫の上に部屋がある！

「欠け」の上にある部屋の運気は乱れる

風水では、土地の形も家の形も四角であることを吉とします。一部分が出っ張っていることを「張り」、へこんでいることを「欠け」と言いますが、「欠け」がある状態は望ましくありません。

ただ、最近は一戸建ての1階部分の一部を「欠け」にして、車庫を作るケースがかなり多いようです。建売住宅を見ると、高い確率でこの形状になっています。

「欠け」である車庫の上にある部屋は、運気が不安定になりがちです。リビングがある場合は家庭運がダウン。寝室がある場合は健康運がダウンするでしょう。

家と車庫の位置は離れているほうがよい

本来、「移動」の気を持つ車と、「安定」の気を持つ家が密接していると気が乱れやすくなるため、車庫は家から離して作るのがいいでしょう。

しかし、すでに車庫が家の「欠け」の部分に作られている場合は、やむを得ません。

その場合は、そのほかの部屋に開運要素を増やすように心がけたり、開運につながるような行動を普段から意識的にとって、マイナス要素を補いましょう。

また、車庫に盛り塩をしたり、観葉植物を置いたりするのもおすすめです。

車庫による家の欠けを補う工夫

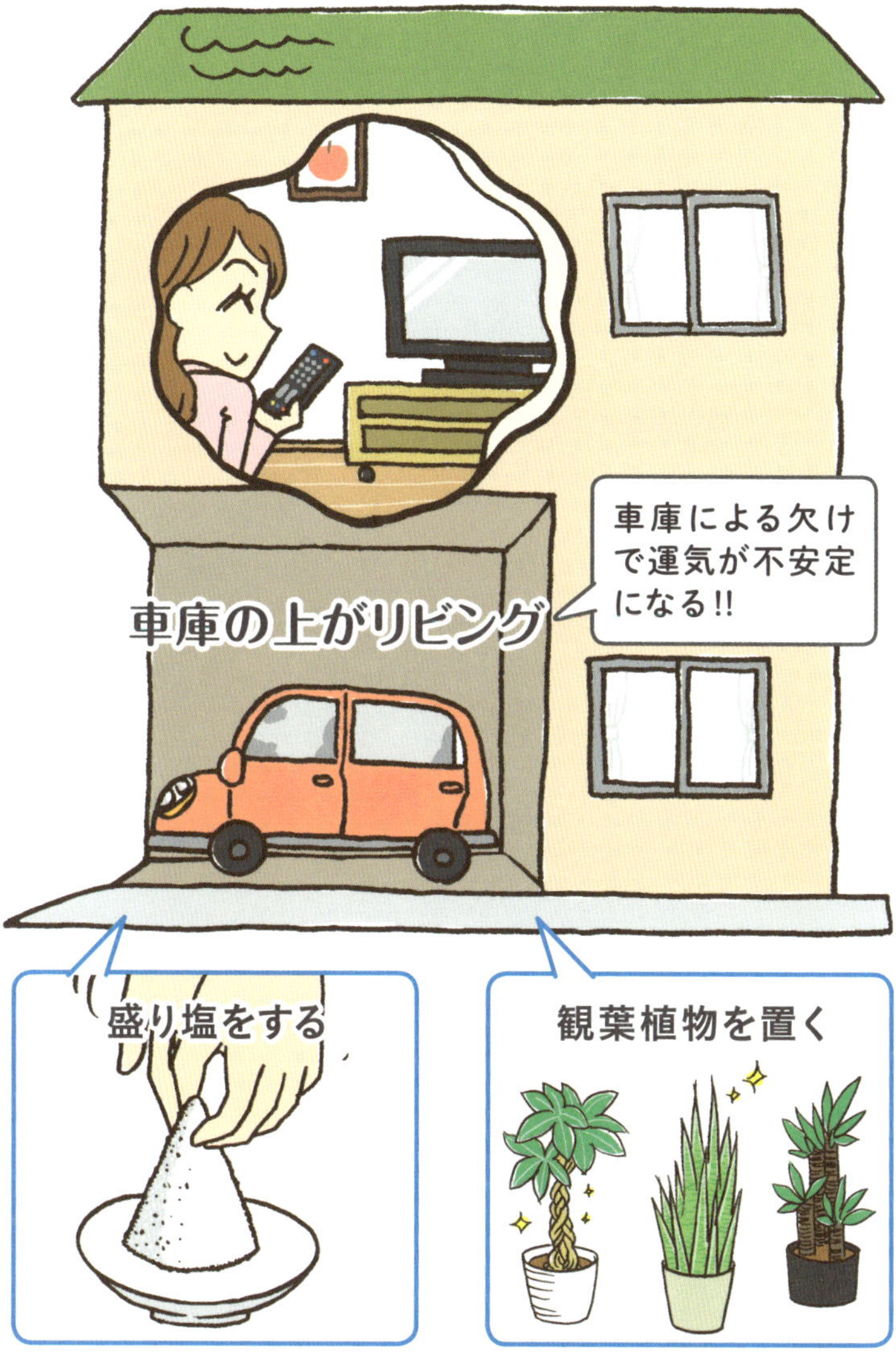

マイナス要素を打ち消す工夫が必要

マンション

マンションの選び方①

大地のパワーが強い低層階に住もう

小さな子どもや高齢者は低層の部屋が最適

マンションの立地の選び方は戸建てと変わりありません。ただ風水では、自然界のエネルギーを重視しています。**気は大地を流れていると考えられているため、その力を存分に得るには、地面に近い一戸建ての家や、マンションでも低層階のほうがよい**、ということになります。

7階以上の高層階に住んでいると、どうしても大地の気のエネルギーは届きにくく、その結果、気力や健康状態がダウンすることもあるでしょう。そのため、特に小さな子どものいる家庭や高齢の方などには、低層のマンションか、高層マンションでも下のほうに住むことをおすすめします。

ただ、低層階に住んでいても、周囲に高層の建物があって日当たりが悪い場合は運気がダウンします。また、窓から高速道路や高架線しか見えないような景色が悪い部屋も、運気は発展しづらいです。日当たりや景観も考慮した上で、適した階層を選んでください。

観葉植物を置いて土のエネルギーを得る

すでに高層階に住んでいる場合、少しでも土からのエネルギーを得るために、ベランダや室内に観葉植物を置くのがおすすめです。枯れた植物は悪い気を放つので、手入れはきちんとしましょう。

マンションは低層階がおすすめ

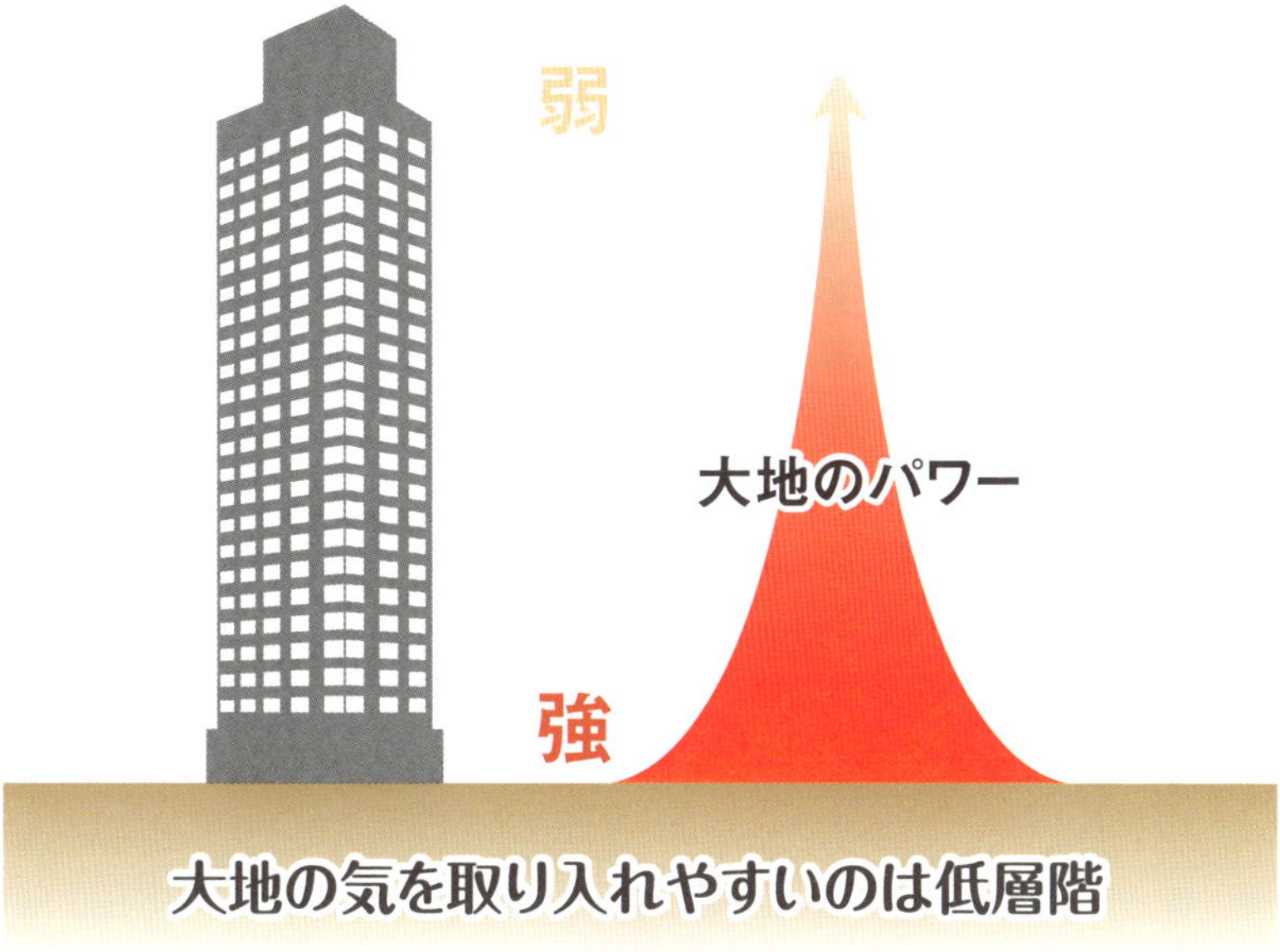
弱
大地のパワー
強
大地の気を取り入れやすいのは低層階

高層階の場合は?

観葉植物で大地のパワーを補う

観葉植物は浄化や運気アップのアイテムだが、大地の気を補う力も持っているので、高層階を選ぶ場合は、リビングには大きめの観葉植物を置くのがおすすめ。

マンション

マンションの選び方②
中住戸と角部屋で迷ったら……

角部屋は窓が多く風が通りやすいので吉

マンションの場合、角部屋は人気があり、他の部屋よりも家賃などが高いことも多いです。風水の観点から見ても、両隣に部屋がある中住戸よりは、角部屋のほうが運気は上昇しやすいと言えます。

なぜなら、風水では風がスムーズに流れ、気が停滞しない環境であることを重視するからです。ゆえに、**窓が中住戸より多く、外気に面する部分が多い角部屋は、気がうまく流れる吉相の部屋と言えます**。もし、すでにマンションの中住戸に住んでいる場合は、換気を頻繁に行うようにしてください。

角部屋であれば、マンションの中心部から見てどの方位にあるかは、それほど気にしなくても問題ないでしょう。

ただ、**東南は強い陽の気がもたらされる方位なので、東南の角部屋に住めば、住人の全体運がアップ**。これから部屋を探す人は、東南の角部屋を探してみてください。

「方位除け」をして陰の気を跳ねのけよう

陰の気が強いとされる鬼門（北東）や裏鬼門（南西）の部屋に住むことをためらう人も多いかもしれませんが、その方位の部屋に住むこと自体は問題ありません。ただ、どうしても気になる人は「方位除け」（方位がもたらす禍を祓うこと）を行うのも手でしょう。

マンションの部屋の選び方

たとえばこんなマンションだったら?

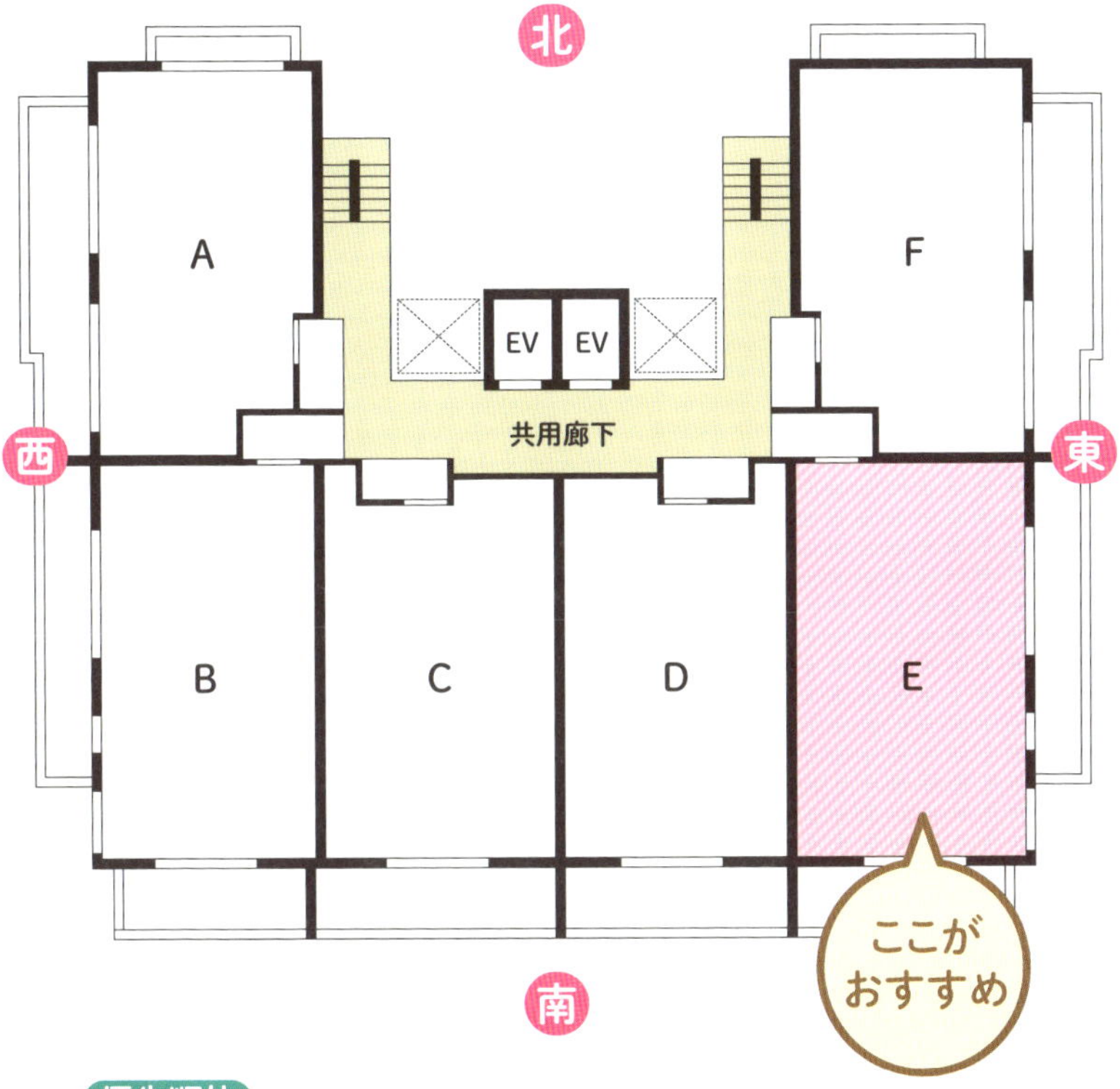

優先順位

東南の角部屋Ⓔ ➡ 角部屋ⒶⒷⒻ ➡ 中住戸ⒸⒹ

○金運ワンポイントMEMO

東南の角部屋のメリット

東南は誰が住んでもよい方角です。特に東は発展の気が発生しやすく、そちらに窓がある角部屋は太陽のパワーも取り入れられ仕事運に◎。また東南は良縁を運ぶと言われますので、毎朝窓を開け、良い風を取り込むのがおすすめ。その風がもたらす良縁から金運に発展することも望めるでしょう。

マンション

マンションの選び方③
共有部分も必ずチェック

手入れが行き届かないエントランスは「凶」

マンションの共有部分も、住む人の運気に影響します。

まず、メインのエントランス。ここが汚れていたり、照明がうす暗かったりすると、絶対に良い気は入ってこないでしょう。汚い玄関に良い気が入ってこないのと同じです。よって、**選ぶならエントランスの掃除が行き届いていて、照明が明るいマンションであることは必須条件**です。

エントランスに隣接するポストに、郵便物やチラシなどが乱雑に入れられているような状態も、管理が悪い証拠なのでNGです。

同様に、悪い気のたまりやすいゴミ捨て場がきちんと掃除されているかどうかもチェックしましょう。ルールが守られず散らかっていたり、悪臭がひどかったりするマンションは、住む人の運気を下げてしまうので避けます。

ゲストルームや植栽などもチェック

そのほかには、共有のゲストルームなどがある場合も、清掃状況や照明の明るさなどに着目し、問題がないか確かめるようにしてください。

さらに、敷地内のマンションの外部も共有部分です。**植栽が枯れていたり、ゴミが落ちていたり、何となく殺風景な印象だと、風水では「凶」と判断します。**

マンション選び！ 共有部分のチェックポイント

●エントランス

照明は明るいか？	Yes or No
集合ポストはきれいか？（中古の場合）	Yes or No
ピカピカに掃除されているか？（中古の場合）	Yes or No

●共用廊下

照明は明るいか？	Yes or No
廊下が物置になっていないか？（中古の場合）	Yes or No

●ゴミ置き場

掃除＆整理がされているか？（中古の場合）	Yes or No
ゴミ捨てのルールが守られているか？（中古の場合）	Yes or No

●そのほか

周りが建物で囲まれていないか？	Yes or No
植栽は手入れが行き届いているか？	Yes or No
自転車置き場はきれいか？（中古の場合）	Yes or No

良い気が満ちたマンションを選ぶためにも
部屋の中だけでなく、全体を隅々までチェック！

金運にGoodな持ち物&飲み物は？

アイテムは革製の長財布とパワーストーンを持ち歩こう

財布は3年をメドに買い替えましょう。上質な革製の長財布が金運を運びます。色は金色、黄色、茶色、ブロンズ、シルバーなどがGood。レシートを詰め込まないこと、お札《さつ》を揃えて入れることが、さらなる金運アップの秘訣です。キーホルダーやアクセサリーとしてパワーストーンを身に着けるのも◎。金運アップにはルチルクオーツ、タイガーアイ、シトロンがおすすめです。その他の小物類では、馬蹄型のアクセサリー、水玉やペイズリー柄のネクタイも金運を上げてくれます。

飲み物は上昇のエネルギーを持つ炭酸飲料がGood！

一方、飲み物でダイレクトに金運に効くのは、黄金色をしたジャスミンティーやシャンパンなど。高級感のあるカップやグラスで飲むと、より金運を招き寄せる効果が。同じく黄金色のビールも金運アップ効果はあります。しかし、こちらはどちらかというと仕事運を上げたい人におすすめな飲み物です。

シャンパンやビールは炭酸飲料ですが、炭酸は気泡が下から上へと上がっていくため、上昇のエネルギーを持ちます。そのため、飲むと気分が向上するとともに、運気もアップ。もし、アルコールが飲めないのであれば、炭酸水やジンジャーエールを飲んでみるといいでしょう。

おわりに

本書をお読みいただき、ありがとうございます。

風水の世界に触れてみて、みなさんはどんな感想を持ったでしょうか？「すぐにでもやってみたい！」と思ってもらえたなら、これほど嬉しいことはないですが、「すぐに全部実践するのは無理」……なんて声もあるかもしれません。

暮らしの中に風水を取り入れるということは、多かれ少なかれこれまでの生活習慣を変化させることにつながります。とはいえ、日々の生活習慣を変化させるのは、誰にとっても簡単なことではありません。

ただでさえ忙しい毎日の中で、これまで以上に掃除などに時間を割くのは厳しい——そんな気持ちは、私にもよくわかります。私自身、ものすごく忙しいときには、風水で推奨する行動を完璧には実践できないこともあるのですから。

最後のアドバイスとして、みなさんにお伝えしたいのは、「完璧は目指さなくていい」ということです。もちろん、たくさんの風水テクニックを取り入れて生活すれば、良い運気をたぐり寄せることができるでしょう。ただ、それで息切れするほど疲れてしまったり、ストレスになったりしてしまうと、風水を継続することが困難になります。

「プロローグ」でもお話ししたように、風水はその瞬間だけ飲めば効く特効薬ではなく、サプリメントのようなものなので、地道にコツコツ継続することに意味があります。そのため、無理なく続けられるような、自分にとってハードルの低いことから始め、少しずつ取り入れる要素を増やしていくのが理想的です。

風水生活を気楽に続けるためには、便利なグッズ（ロボット掃除機や空気清浄機など）の力は存分に借りて、ラクをしてもまったく問題ありません（贅沢をすすめているわけではありませんが……）。

風水を続けて行く課程で、開運効果が実感されて行けば、徐々に風水を楽しめるようになります。そこまで行けば、風水はあなたの長い人生のよき友として、生活にずっと寄り添ってくれることでしょう。

ただ、「自分にハードルの低い風水」と言っても、どんなものから始めるべきか悩んでしまうときもあるかもしれません。その場合、今の自分の「こうありたい」という願望を分析してみてください。それを解決する風水は、本書を探せば見つかるはずです。

本書は「金運」がメインの本なので、読者のみなさんは、おそらく「もう少し収入を増やしたい」「出費を絞りたい」「赤字を解消したい」といった思いの人が多いはずですね。

たとえば、「最近お財布を落とした。運気が下がっている」などと感じている人は、厄落としのために盛り塩をしてみたり、塩を一掴み入れたお風呂に浸かってみたりしてはどうでしょうか。

これならば、塩さえ用意しておけば、ほとんど手間はかかりません。風水では掃除に関連することも多いですが、お風呂に塩を入れるだけなら、掃除嫌いの人でも気軽にできるでしょう。このように、やるまではハードルが高く感じても、やってみればそんなに大変ではない——ということが、風水には数多くあるのです。

みなさんが風水生活をスタートさせ、金運がアップするすてきな金運ハウスを作り、笑顔あふれる人生を送っていただくことを心から願っております。

２０１６年４月吉日　紫月香帆

紫月香帆（しづき かほ）

開運セラピスト。幼い頃より占いや家相・風水に親しんで育ち、高校在学中から女優など芸能活動を始める。独学で九星気学を学び、のちに本格的に手相を習得。四柱推命、風水、九星気学、手相・人相などを得意とし、そこにタロットや姓名判断などを取り入れ、豊富な占術の知識を生かした鑑定をする。的中率の高さとわかりやすく具体的なアドバイスには定評があり、さらに四柱推命と風水をベースにした独自の『宿命カラー風水』、『十干風水』、『五感風水』を確立し、開運セラピストとしてテレビや雑誌、携帯コンテンツなど幅広く活躍中。『やってはいけない風水』（河出書房新社）、『運が良くなる！　間取りとインテリアのHAPPY風水』（エクスナレッジ）、『神さまが教える 風水の教科書』（監修／ナツメ社）ほか、著書も多数。

家仕事とインテリアの
金運アップ風水

2016年4月9日　初版第1刷発行

著　者　紫月香帆

発行者　澤井聖一
発行所　株式会社エクスナレッジ
〒106-0032　東京都港区六本木7-2-26
http://www.xknowledge.co.jp

問合せ先 編集 TEL 03-3403-6796
Fax 03-3403-0582
info@xknowledge.co.jp
販売 TEL 03-3403-1321
Fax 03-3403-1829